AF371093

LES
EXSUNAMITES
AU PALAIS-ROYAL.

La Colonnade

LE PALAIS-ROYAL.

TROISIÈME PARTIE.

LES CONVERSEUSES.

O tempora ! ô mores !... *Cicero & Martialis.*

A PARIS,
AU PALAIS-ROYAL dabord ; puis,
PARTOUT.

1790.

SUJET DE LA IIIme ESTAMPE,

LA COLONADE.

On a-vu les 48 SUNAMITES, dans l'Eſtampe precedente : Ici, nous avons les Heroïnes des GENTILSHOMMES POPULAIRES, du CURÉ-PATRIOTE, ét du DIVORCE NECÉSSAIRE, reünies ſous la Colonade en-bois. Leurs Noms ſont à la Table ſuivante. Chaqu'une eſt indiquée par le même chifre qui l'y deſigne.

Nous errions un-soir, sans dessein, au Palais-royal. Après avoir-vu les FILLES, les HOURIS, les RESEMBLEU-SES, le CIRQUE, les SUNAMITES, les EXSUNAMITES, les BERCEUSES, les CHANTEUSES, les CONVERSEUSES, nous ne croyions pas qu'il nous restât rien de nouveau à decouvrir. Nous sortions des Alées du CLUB, envelo-pés dans notre manteau national, ét nous nous avancions vers la 1.re des COLONADES, lorsque nous fumes tirés de nos meditations sur une Pièce-de-theatre que nous composions, par une exclamation : —Parbleu ! disait un Homme à Un-autre, voila une sin-gulière reünion ! Ces quatre Officiers sont des Gentilshommes-populaires, qui sont ici avec toutes leurs Femmes ! Mais je ne conçois pas comment cela se fait ! S'épie-t-on ! Le mistère est-il decouvert, ét consent-on à laisser les choses telles qu'elles sont ? Car je suis parfaitement instruit, ét c'est par-hasard que je le suis... Voyons...

Nous examinames ce qui se passait. Nous vimes un des Gentilshommes

avec fa Femme, une charmante Perfone, ét deux Bellesfœurs.   Un Second avait 13 Femmes, qui toutes pa-
raiffaient bien avec lui ét bien enfemble.   Le Troisième n'avait que fon
Épouse, mollement appuyée fur fon
bras. Le Quatrième avait cinq Dames
avec lui; une charmante Blonde, qui
nous parut fon épouse; une Femme
affés bien encore, qui fans-doute
était fa bellemère, ét trois jolies
Brunes, qui femblaient éprises de leur
Beaufrère...

Un Bel-homme en habit violet, ét
qui nous parut ecclesiaftiq, accom-
pagnait fix Dames ét 12 Petites-filles
prefque du même âge. Celle qui lui
donnait la main paraiffait l'Épouse.
Une Dame de 30 ans conduisait deux
Enfans : Une groffe Bijoutière de 45
ans, ét fa Fille de 23, en conduisaient
quatre : Une Cuisinière appetiffante
en avait deux ; ét Quatre marchaient
devant.   L'Homme qui avait parlé,
offrit d'expliquer tout-cela.

Au même inftant, nous vimes huit
autres Femmes paffer fous la première des deux Colonades... L'Homme
courut. Nous le fuivimes. Il favait
tout. Nous l'écoutames.

TABLE DES MATIÈRES.

Les EXSUNAMITES.

(Les Converseuses nommées dans la II Partie).

A iv

T A B L E.

LE PALAIS-ROYAL.

Par un *INDAGATEUR.*

TROISIÈME PARTIE.

LES EXSUNAMITES - CONVERSEUSES.

TROISIÈME ORDRE,
LES CONVERSEUSES:

Les Sunamites affés fpirituelles pour amuser par la converfation, feront ordinairement Celles qui nous ont raconté leur hiftoire, ét l'origine de leurs Compagnes. Elles font ici au nombre de Dixneuf: *Narciffe, Aurore, ét Rofe; Amande ét Amarante; Piramidale ét Bafilique; Capucine ét Lavande; Muguette ét Belledejour; Belledenuit ét Printanière; Bleuette ét Pivoine; Orange ét Fraisée; Framboifine* ét la XLVI Sunamite *Rofemarine.*

III Partie.   A v

2.de et 3.me CONVERSEUSES.

ROSE et AURORE.

Nous avons fait l'histoire de Narcisse. En continuant de rendre visite à Mad. Janus, nous parvinmes à savoir le complement de l'histoire de toutes ses autres Elèves.

On connaît la singulière origine de la belle Rose : Jamais, peutêtre, il ne fut de Fille aussi jolie, aussi spirituelle. Son Père, en la fesant, songeait à la belle Barone, qu'il croyait posseder, et qu'il possedait avec une volupté inexprimable, pour la première - fois. Surpris de la perfection de ses charmes, il ne pouvait se lasser de les admirer. En-effet, c'étaient reellement ceux d'une Vierge de quinze à seize ans, sur les appas de laquelle aucune main amoureuse ne s'était encore appesantie. Le

Vicomte était dans l'enchantement !
Or on fait combien le charme de la
conception influe fur le caractère de
l'Enfant, qui provient d'un embraffement
complet ! Ce qu'il y a de particulier,
c'eft que Rose reffemblait à la Barone,
pûfqu'Œillette elle-même, fa fœur-
de-père, qui était veritablement fille
de cette Dame.

Quoi qu'il en foit, il refulte de tout
ce que nous venons de dire, que Rose
avait infiniment d'efprit ét de beauté.
Après avoir été Sunamite, fans trop
affaiblir fa fanté, par les precautions
de Mad. Janus, qui n'était pas une
avide matrullê, mais une mère tendre
pour toutes fes Filles, Rose fut choisie,
avec Aurore, auffi belle ét prefqu'auffi
fpirituelle, pour amuser une grande
Dame, par leur converfation. Cette
grande Dame, après des malheurs égaux
à fa haute-naiffance, était tombée dans

une melancolie profonde, dont rien ne pouvait la diſtraire. Rose particulièrement en vint à-bout, non-ſeulement par ſa converſation, mais par ſon talent pour la peinture, dans lequel elle reüſſit admirablement. Aurore la ſecondait.

Rose, un-jour, dit à cette aimable Compagne : —Nous avons épuiſé tous les Contes de la Ville ét des Provinces ; nous avons recité à la Princeſſe toutes les *Contemporaines* de *N.-E.-Reſtif*, ſes *Françaiſes*, ſes *Pariſiennes*, qui par leur naturel, lui paraiſſaient des faits reellement arrivés ; aulieu - que les Contes de *Marmontel*, ne ſont que de jolis Contes : J'ai repeté les *Nuits de Paris*, comme des faits nouveaux : J'étais *aubout de mes ſciences*, lorſque j'ai decouvert un treſor ! Nous en avons, pour un an. C'eſt 434 *Hiſtoires Provinciales*, recueillies par *Reſtif*, ſur des canevas envoyés de toutes les parties du Royaume : Elles font encore en manufcrit. Nous en apprendront cha-qu'une, toi ét moi, une par jour, ét nous les reciterons, comme à-l'envi, à la Princeffe-! Aurore fut enchantée de la decouverte ! Elle reçut de la main de Rose, fon hiftoire à reciter, ét elle l'apprit. C'était la *II.de Provinciale* (*).

La Princeffe, chaque jour, écoutait une de ces hiftoires à fa toilette, ét l'autre, après fon dîner. On les lui don-nait pour des faits recens, qui ve-naient d'arriver, ét elle était diftraite, par-là, d'une manière efficace.

Le fuccès de la recette de Rose l'encouragea. Les *Provinciales* étaient toutes composées ; elle voulut f'effayer à devenir Auteur elle-même, ét c'eft à fes efforts, pour desennuyer la Prin-ceffe, que nous devrons les *Mille-ét-une*

(*) Cet Ouvrage doit paraître, après celui-ci,

Metamorphoses. Mais Rose sentit, qu'un Ouvrage aussi vaste fatiguerait son imagination : Non-seulement elle s'associa sa belle Compagne ; mais, de concert, elles mirent de l'entreprise les seize autres Converseuses.

Il fut convenu, qu'après la composition de chaque *Metamorphose*, on la communiquerait aux dixsept Cooperatrices ; que Chacune d'elles ferait un essai de la *Metamorphose* suivante, ét qu'on prefererait la meilleure, ou qu'en les fondant, on en ferait une, deux, trois bonnes, ét même davantage. Ce plan fut agreé par Toutes. Ainsi, nous n'y reviendrons plus On voit qu'au-moyen de cette association, les 19-Converseuses devaient être très-amusantes, parcequ'Une d'elles n'avait pas son esprit seul, mais l'imagination de toutes les Autres : Ce qui devait la faire paraître admirable, aux Persones qu'elle de-

vait amuser par la converfation. Auffi ont-elles le plûs grand fuccès ! Elles
font devenues bien neceffaires pour les
Ennuyés qu'elles doivent diffiper, ét
ces Êtres auparavant blâsés, les regardent
comme le fel de leurvie... Puiffions-nous
étendre leur reputation, ét rendre plûs
connue cette reffource admirable! Puiffions-nous faire connaître à l'Univers
entier, combien Mad. Janus eft une
femme-de-génie !..... Peutêtre n'a-t-
elle pas le merite de l'invention : Peutêtre tout le plan eft-il dû au Medecin
celèbre, auquel cette Femme avait bien
voulu donner le moûle d'un Fils: Mais
qu'importe? Mad. Janus n'en a pas moins
le merite de l'execution. Merite fi rare,
dans tous les temps, que fouvent les
meilleures lois reftent fans effet, parcequ'on ne fait pas les bien executer....
Mais revenons à Rose ét Aurore.

Tandis qu'elles bienmeritaient de la

Princeſſe, ét qu'elles jouiſſaient de ſa faveur, leur bonheur ſe preparait. Rose protegeait deja ſon Père, le Mari de ſa Mère (car Adelaïde ſ'était mariée), ét ſes Frères legitimes lui devaient leur avancement. Un jeune Seigneur a jeté les ieux ſur elle.

Pour Aurore, elle avait les mêmes avantages : Mais, en-outre, ſon Père le Batelier arriva des Iles, avec une fortune conſiderable. Dans un temps, où les Grands ne peuvent plus faire que du bien, il ſ'eſt avoué hardiment le père de Jaſmine ét d'Aurore, en annonçant qu'il pretendait en faire ſes heritières. Il a épouſé la Mère d'Aurore, demeurée fille juſqu'à ce moment, ét a legitimé cette belle Perſone, qui vient d'épouser un Abbé *decoletté*, enrichi prodigieuſement par l'agiotage. Nous ſommes ſûrs qu'Aurore, qui a l'âme belle, lui fera faire un bon usage de richeſſes mal-aquises.

4.me ét 5.me CONVERSEUSES:

AMANTE, ét *AMARANTE.*

On se rappelle qu'Amande est fille du petit Abbé maître-de-musique, ét qu'Amarante se croit fille d'Orfèvre ou d'Orloger. Elle était effectivement la fille-naturelle de cet infortuné Bijoutier, qui se brûla la cervelle, par anglomanie, après avoir écrit à M. *De-Sartine*, lieutenant-de-police, qu'on n'inquiétât Personne. Ce Bijoutier, avait pour maîtresse une Voisine, qui l'adorait : Elle avait eu la complaisance de lui donner une Fille, ét pour cela, pendant une neuvaine de mois, elle s'était absolument refusée aux approches de son Mari, auquel cette singulière Femme ne cachait rien. Le Bijoutier était joli homme ; elle avait avoué qu'elle l'aimait, qu'elle en était aimée : Elle avait demandé la permiffion de le rendre heureux, ét celle de lui faire un Enfant ? — Elle disait à fon Amant : —Je vous aime plûfque ma vie; mais je fuis à mon Mari : Je ne puis vous rien accorder, qu'il n'y confente-. Tout fut arrangé entre ces trois Perfones. Amarante vint au monde; elle fut re-connue pour être à l'Amant. La Femme ne trompait point fon Mari, qui était ami du Bijoutier. Tout-cela était fans libertinage: L'Epoufe était honnête: Elle n'aurait pas fouffert la moindre indecence. Son Mari l'aimait, l'eftimait: Il avait deux autres Enfans bien à lui. Le Bijoutier n'eut pas de jaloufie: Il fut au comble du bonheur, en fe trouvant père, par la feule Femme qu'il aimât. En voyant Amarante jolie, fon bonheur augmenta. Ce fut l'excès de bonheur, qui mit l'a-tonie dans fon cœur; il ne fentit plus; ét aulieu d'attendre du temps ou de quel-que malheur, la guerifon de cet état,

fon anglomanie lui fit chercher la mort.
Il fe tua, le jour même qu'il avait donné
tout ce qu'il poffedait à la Mère de fa
Fille.

Ce ne fut pas l'Epoux, encore moins
fa Femme, qui fit perdre ou voler Amarante avec fa Compagne Violette, mais
une Tante du Mari, qui avait penetré leur
fecret par furprife. Elle avait fait voler
la Fille du Notaire, avec la Petite Amarante, pour écarter les foupçons. Comme tout fe decouvre! On a fu les details
du crime, par la Complice, au moment
fuprême!... Mais la Dame-tante avait
payé le tribut à la nature.

L'Orfèvre ét fa Femme ont reconnu
Amarante, avec le plûs grand plaifir.
Mais cette Jeuneperfone n'avait plus
befoin de leur fecours : Aucontraire.

Amande ét Amarante furent auffi
placées auprès d'une Princeffe, moins
grande que celle de Rofe ét d'Aurore,

mais très-illuſtre. Cette Femme reſpec-
table, univerſellement adorée, ſupportait
de grands malheurs ! Elle avait un Mari
volage, ét une Precieuse-ridicule ſ'était
emparée de l'éducation de ſes Enfans,
qu'elle rendait meſquins, tracaſſiers
comme elle. C'eſt le comble de la peti-
teſſe ét de là folie, que de faire élever
des Hommes par une Femmelette ...

Les deux Jeunes-Suramites amuserent
la Princeſſe, par leurs recits intereſſans ;
elle firent plûs ; indignées de voir l'éducation qu'une Pedante donnait à des
Hommes, ces Jeunesperſones emplo-
yèrent les MI Metamorfoses, à donner
des avis à la Princeſſe, ét même à ſon au-
guſte Epoux. Oui, têt ou tard ces mo-
ralités adroites auront leur effet, ét l'on
fera former des Hommes par des Hommes.

Aujourdhui, qu'Amarante connaît parfaitement ſon origine, qui n'a rien de hon-
teux pour elle, cette Jeuneperſone cherit

également fa Mère ét fon Père-putatif,
auquel elle doit indirectement l'exiftan-
ce. Elle protége fon Frère , fa Sœur,
ét elle vient de trouver pour elle-même
un Parti. C'eft un Homme-d'affaires ou
dans les affaires. Elle a refusé un Gentilhomme. Amande, qui avait également
à choisir, en a fait autant ; ét cette fage
moderation affure à ces deux Jeunesperfones , un bonheur à-l'abri des orages.

NOTA. Nous declarons ici, qu'on
ne fera que defauffes allusions : Nous
avons changé, à l'original, pour les écarter. Cependant nous avons connu le
Mari fpartiate ét fon Ami.

6.me & 7.me CONVERSEUSES :

PIRAMIDALE, & BASILIQUE.

Piramidale, la fille du Decroteur, n'en était pas moins une belle Brune : Quant à Basilique, on sait qu'elle était la niéce de M. Priape, qui n'avait pas plus menagé sa Sœur que les autres Dames invitées à son bal.

Ce fut auprès d'un Homme que Mad. Janus plaça ces deux Converseuses. C'était un Vieillard, qui avait occupé une grande place, & qui n'avait pour heritier, qu'un Fils très-fat, & très-inrespectueux. Mad. Janus, qui voulait que ses deux Elèves fussent respectées, avait bien devoîlé l'origine de Basilique ; au lieu qu'elle tenait secrète celle de Piramidale, qui n'avait rien d'extraordinaire. Mais on ne sait à l'occasion de quelle ressemblance, le Vieillard s'avisa d'avoir pour

Elle-ci le plûs grand respect. Il se persua-
da qu'elle était fille-naturelle du premier
Homme du Royaume. En-effet, elle
ressemblait à un écu-de-six-francs de 64.

On ne sait encore par quel hasard cette
idée du Père passa au Fils. Un-jour
que Piramidale racontait naïvement une
histoire singulière, des amours auguftes,
il se figura que c'était celles de sa Mère.
Cette historiette, ou trait, était celui
de la Jolie-Bouchère, qui avait un talent
particulier, dont son Amant louait ordinairement l'effet avec des expressions
très-énergiques. Piramidale racontait ce
trait avec grâce ét modeftie, quoiqu'il fût
très-difficile de le gazer. Sans-doute,
elle le tenait ainfi de Mad. Janus, qui savait plûs de mille Contes, ét qui se fesait
un plaisir-de les raconter à ses Elèves.

D'après cette idée, le jeune Fat devint
très-amoureux de Piramidale ! Il épia
tout ce qu'elle fesait avec son Père, ét

n'ayant rien trouvé qui pût bleſſer l'hón-
nêteté, il ſe mit en tête de l'épouser. Il
garda longtemps cette idée ! mais tout
lui confirmant que Piramidale était d'une
naiſſance diſtinguée, ét qu'elle était honnête, il osa proposer à ſon Père de faire
le mariage. Le Vieillard fut très-ſurpris!
Mais comme Piramidale avait fait une
forte impreſſion ſur ſon cœur, il ne
resiſta que faiblement.

La converſation qu'il avait avec ſon
Fils, fut entendue de la Jeuneperſone.
Elle comprit, par le dialogue entre le
Père ét le Fils, qu'on la prenait pour
une illuſtre Bâtarde. Elle ſavait l'hiſtoire
de ſa camarade Penſée. Elle ne fut elle-
même qu'imaginer. Mais comme Basilique était avec elle, Piramidale la con-
ſulta.

—J'entrevois une grande fortune, ſi tu
fais te bien conduire (repondit Basilique).
Ne feſons rien de nous-même: Maman-
Janus

Janus eſt la prudence perſonifiée : Conſulte-la. J'ai auſſi mon petit bonheur à-part ét ſi tu as le Fils, je pourrais bien avoir le Père.... Il t'aurait peutêtre preferée-. Il fut resolu, qu'on verrait Maman-Janus le jour même.

Lorſque les deux Elèves furent devant cette Femme ſublime, ét que Piramidale lui eut expoſé le cas, Mad. Janus ſe recueillit profondement. Puis prenant un air miſterieux, elle dit à Piramidale : —Madame, je ſuis depoſitaire de plûs d'un ſecret. Laiſſez agir le Fils de votre Vieillard : ſ'il vous épouse, il ſ'honorera lui-même-.

Basilique ayant enſuite parlé, Mad. Janus lui repondit : —Pour vous, Mademoiselle, vous ſavez quelle eſt votre naiſſance : Vous êtes la nièce d'un Homͫe riche ét en-place ; votre Mère était honnête, ſage; elle fut trompée ; votre origine eſt pure, ét vous pouvez aler à tout.

III Partie. B

Les deux Belles notèrent cette diffe-
rence , de Madame à l'Une ét Mademoiselle à l'Autre. Elles s'en retournèrent,
fans avoir d'autres éclaircissemens.

Mad. Janus avait une maxime ; c'était
de tout faire pour fes Elèves. Elle fabri-
qua donc une hiftoire à Piramidale ; elle fut
l'adapter à celle de cette Jeunefille. Deux
ou trois Lettres anonymes furent composées ; differentes mains les copièrent,
fans les entendre , ét le tout fit une preuve , pour des Gens qui ne demandaient
qu'à croire. Piramidale fut épousée, fous
fes veritables noms , par le Fils du Vieillard ; qui, lui-même, épousa Basilique.

Les Parens de la Première affiftèrent
au mariage. Il falait voir , comme le Fat
fesait les honneurs à la Mère , femme du
Decroteur ! Comme il parlait à l'oreille
des Convives !.. comme on en riait.. Mais
le merite ét la beauté de Piramidale , fesaient convenir , dès qu'on l'avait vue , en

tendue, qu'elle était digne de son Roman.

Sera-t-elle longtemps heureuse? Nous ne le croyons pas. Le Fat eſt ſi vicieux, que ſon cœur corrompu, doit être incapable d'une veritable tendreſſe. Mais ſ'il ſ'échappe, il rencontrera Mad. Janus, cent-fois trop fine pour lui.

Pour la jolie Basilique, elle n'a pris ſon Vieillard, que pour adoucir ſes derniers jours, ét avoir un nom. Elle fera bientôt veuve, ét Mad. Janus ne lui fera pas inutile.

Tout cela vient d'arriver : Le Fat a rencontré la fine Janus, qui l'a matté : Basilique eſt devenue veuve, ét Mad. Janus va la remarier g'orieuſement.

8.me & 9.me CONVERSEUSES.

CAPUCINE, & LAVANDE.

46.me SUNAMITE;

ROSEMAUVE.

Capucine eſt fille de la Layetiére à la marche voluptueuse, & ſœur-nièce de Santorée : Celle-ci eſt fille de la Femme-de-chambre de la Marquiſe & du Cocher, comme Julienne était fille du Même & de la Marquiſe. Mad. Janus avait toujours les origines preſentes à l'eſprit, quand il ſ'agiſſait d'établir ſes Elèves, qu'elle nommait ſes Filles.

Un Medecin, dans les mêmes principes que celui de Mad. Janus, avait ordonné au vieux Prince de ***, la converſation de deux Belles, également ſages & ſpirituelles, pour tout regime : car du-reſte, il pouvait man-

ger, boire, &c. Ce Prince, qui avait
un superbe hôtel, ét une jolie maison
sur le Boulevard, choisit Capucine ét
Lavande. Il eut lieu d'en être content.
Elles l'amusaient par leurs entretiens,
parsemés, comme on l'a vu, de jolies
historiettes. Tout le mal, c'est que la
provoquante Capucine mettait le feu
dans tous les cœurs, par les grâces de
sa demarche, ét que Lavande, vive,
fringante, n'était pas propre à l'éteindre.

Un Abbé, parent du Prince, devint
si éperdument amoureux de Capucine,
qu'il offrit de renoncer, pour elle, au
petit-collet. La voluptueuse Blonde
consulta la Maman-Janus, qui lui representa, que l'Abbé devait avoir de
grands benefices, ét qu'il était trop
grand seigneur pour l'épouser. Il fut
decidé, entre ces deux Femmes, que
le jeune ét joli Abbé garderait la ca-
lote, ét que Capucine prendrait des ar-

rangemens avec lui. On voit que Mad. Janus se fesait toute à tous. L'Abbé dit, en-particulier, à cette Dame : —Je veux bien avoir Capucine pour maîtresse : mais je veux qu'elle se croye ma femme, afin qu'elle en soit plûs honnéte ét plûs heureuse : Il faut cela pour mon propre bonheur. Arrangez les choses en conséquence—.

Mad. Janus n'avait pas donné à ses Elèves une grande connaissance des lois ét de la discipline : Elle vint à-bout de persuader à Capucine , que son Amant la pouvait épouser secrettement, ét continuer sa carrière ecclesiastique. Le mariage se fit dans une chapelle de l'hôtel, par le Chapelain, ét Capucine fut mariée, à-l'insu de sa Compagne, ét de tout le monde : car il n'y eut de Temoins que Mad. Janus, la petite Rosemauve , ét deux Valets dévoués.

La jolie Blonde fut dabord très-heureuse ét très-aimée. Mais l'Abbé, jeune libertin blâsé, s'avisa de se degoûter des Blondes, ét d'adorer les Brunes. Il fit secrettement sa cour à Lavande, qui consulta Mad. Janus.

Celle-ci n'ignorait pas jusqu'où devait aler le jeune Abbé. —Sa fortune suffit à mes deux Filles (pensa-t-elle) : que risqué-je ? elles ne peuvent que gâgner à l'avanture-! Et elle affista au mariage clandeftin de Lavande, comme elle avait protegé celui de Capucine. Ainfi l'Abbé, qui ne devait point avoir de Femme, én eut deux.

Par une fuite du caractère feigneur du jeune Bigame, il n'eut pas poffedé deux mois la Brune, qu'il redevint amoureux de la Blonde. Il fe reconcilia donc avec elle, ét comme elle était infiniment provoquante, il l'adora trois mois. Puis il redevint amoureux de la Brune, ét f'en fit r'aimer.

Il alterna de-la-sorte, pendant quel-que-temps: les deux Belles ne se dou-taient pas qu'elles fussent toutes-deux épousées : elles étaient amies, mais discrettes, ét la confidence entière ne les tentait pas. Elles continuaient à remplir leurs fonctions auprès du vieux Prince, qui, par-fois voulait rire.

Un-jour, que Capucine était bien brouillée avec son Mari, le vieux Prince devint pressant. Capucine se defendit. Mais le Vieillard avait été General-d'armée ; il ne voulait pas qu'on lui resistât. Son projet était formé ce jour-là. Il appela deux grands Drôles, ét une certaine Femme : On contint Capucine, ét le Prince *rit* comme il put......

Capucine fut très-en-colère ! Le Prin-ce lui repondit : —Pourquoi, Made-moiselle, êtes-vous si provoquante-? Capucine se fâcha. Le vieux Prince fit venir Mad. Janus, qui fut très-surprise ! mais elle dit, que tout se payait avec de l'argent. Il en coûta cent-mille écus au vieux Prince, et tout fut raccommodé.

Il paraît que le Vieillard ressemblait un-peu à son Neveu. Est-ce qu'il n'eut pas aussi envie de la Brune ?... Nous sommes reellement fâchés d'avoir à conter de pareilles histoires... Il rit, avec elle, tout-de-même, et par les mêmes moyens : Il se raccommoda tout-de-même, à-l'aide de Mad. Janus. Et-puis il fut tranquile ; Car c'était tout ce qu'il desirait.

Quelque-temps après, un-soir que les deux Belles, qui n'entraient plus qu'ensemble dans son cabinet, lui fesaient des Contes, pour l'amuser, il crut s'apercevoir que leur tâille était moins suelte. Il les pria de se lever, sous un pretexte, et ne pouvant plus douter, il s'écria : —Serait-il possible—! Les Belles rou-

B v

girent, ét se turent. Le vieux Prince, transporté de-joie, leur dit mille choses plaisantes, ét manda Mad. Janus. Il lui apprit son bonheur, ét la consulta sur les avantages à faire aux deux Belles. Le plan fut vaste; il n'ala-pas à-moins que toute la fortune du Prince, qui par-là fut couverte d'une creance qui l'absor-bait. Mad. Janus ne menagea rien. Mais comme elle entrevit des avantages consi-derables, par le moyen de l'Abbé, qu'il falait conserver, elle donna Rosemauve au Vieillard, pour Sunamite.

Il fut enchanté de la petite Persone, ét laissa libres ses deux Converseuses. D'un autre côté, Mad. Janus fit entendre à l'Abbé, qu'il les falait separer. Capu-cine, alors en faveur, fut mise dans une maison-de-campagne, ét Lavande resta. Elles accoucherent de deux Filles, ét l'Oncle ét le Neveu se crurent pères.

Pendant le temps du *parture*, l'Abbé

devint amoureux de Rosemauve, ét ne
pouvant l'épouser, à-cause de son indiſcretion naturelle, il en fit ſa maîtreſſe.
La Petite ſe donna. Le vieux Prince
fut encore ici la dupe. Il n'avait pas reſ-
pecté ſa Sunamite ; qui le mit au tombeau.
Il lui donna tout ce qu'il put , ét à ſa mort
il devait plûſqu'il n'avait. Rosemauve
fera peutêtre un grand rôle ! mais ſon
hiſtoire n'eſt encore qu'ébaûchée.

Pour Capucine ét Lavande, après
leurs couches, elles ont decouvert la verité. Mais, par le conſeil de Mad. Janus, elles ont diſſimulé longtemps ! ét
elles ont mis la fortune du Neveu auſſi bas
que celle de l'Oncle.

Nous n'approuvons pas tout-cela:
Mais en hiſtorien veridique, nous pu-
blions les faits.

10, 11, ét 12.mes CONVERSEUSES:

MUGUETTE, BELLEDEJOUR,
ét BELLEDENUIT.

Muguette a une origine, qui demandait un grand miſtère! Auſſi n'eſt-ce qu'in-directement que ſes Parens, l'ont avantagée, après qu'ils l'ont connue. Mad. Janus était maîtreſſe abſolue de cette Jeuneperſone, ét pouvait en faire ce qu'elle voudrait, en employant la perſuasion.

Belledejour ét Belledenuit étaient preſque dans le même cas, par le crime d'un Frère... Auſſi Mad. Janus garda-t-elle ces Filles à la maison, pour tenir la converſation avec les Pratiques, lorſqu'-elle ferait occupée, ét elle ſe chargea de leur faire un ſort, dans le cas où elle ne leur trouverait pas un avantage imprevu.

Il venait à la maison deux Medecins,

quelques Auteurs, un Intriguant, ét deux Hommes-en-place. Muguette ét fes deux Compagnes, dont la Seconde (Belledenuit) était d'une timidité interef-fante), fesaient auffi les honneurs de la table tour-à-tour : C'eft un moyen de deployer les grâces. Dès que l'on était forti de table, ét que tout était remis en place, les trois Belles venaient former le centre du Cercle. Elles fe compor-taient avec une decence rare, ét elles re-pouffaient de la converfation des Hom-mes, tout ce qu'il pouvait y avoir de libre ét de trop dur. Elles les rappelaient à la politeffe, Muguette par un mot ferieux; Belledejour par une fine ironie, ét Belle-denuit par un regard accompagné de l'in-carnat de la pudeur : On ne le bravait jamais. Mad. Janus femblait avoir élevé les Autres pour la Société, Muguette, Belledejour ét Belledenuit pour fon pro-pre avantage. Comme cette Femme étai riche , elle aimait à voir du monde ; mais avec tout fon merite , elle aurait eu des Pratiques, des Efcroqs, ét point de Compagnie , fans le charme des trois Belles. La Dame declara , qu'elle les voulait marier ; elle fpecifia leur dot , qui devait être de 12-mille livres de rentes pour Chaqu'une , tout compris.

A cette nouvelle, les Perfones de fa Société cherchèrent dans leurs Connaiffances , des Jeunesgens fans fortune, mais qui promettaient. Mad. Janus, à laquelle ils communiquèrent leurs vues, en fut ravie : elle fe regarda comme devant être la creatrice de Maisons nouvelles, par l'avance ét la protection qu'elle ferait à des Jeunesgens diftingués par leur merite.

On trouva un Jeune-Machinifte, qui avait les plûs beaux plans , ét qui manquait de moyens. Un Jeune-commis de Negociant, avec des vues neuves pour le commerce : Un Jeunehomme qui avait

formé le projet de tirer un parti efficace
des boues ét de tous les immondices des
1ues, pour fertiliser à-peu de frais les
environs incultes de la Capitale, ét leur
faire produire un tièrs de la subsistance
de Paris. Il devait aneantir tous les parcs,
tous les Jardins -anglais, qu'il releguait
dans les endroits sabloneux ét steriles ; il
mettait en culture tout ce qui était à la
portée non-frayeuse des engrais ; il de-
truisait l'inutile Jardin-des-plantes, ét
il mettait tout en potagers, qui fournif-
saient des legumes à une moitié de Paris.
Il en fesait autant du *Luxembourg*, sans
l'ôter à la promenade, qui en devenait
plûs agreable ét plûs variée : Autant des
Tuileries : Les engrais immenses qu'il y
fesait porter, rendaient ces potagers
d'une étonnante fertilité. On objecta,
que c'était detruire les beautés de la Capitale. Il repondait, qu'un Père-de-fa-
mille gêné diminuait ses bijous, ét toutes

les choses de luxe. Il était si parcimonieux de terrein, qu'il en épargnait un demi-piéd, aux environs de Paris, où il lui semblait infiniment precieux.

Pour remplacer les Tuileries, le Luxembourg, le Jardin-des-plantes, le Jeunehomme fesait-mettre en terrasse, bien disposées en promenades, le dessus du Louvre ét des autres Palais, mais cela petit-à-petit, ét seulement pour occuper les saisons-mortes des Massons ét Manœuvres. Il les surveillait, les fesait-travailler, en leur prescrivant leur tâche, ét produisait ainsi plûs d'ouvrage en une demi-saison-morte, que ces Hommes ineptes n'en donent en une année entière: Car ils ne travaillent pas, sous pretexe de menager leur occupation. Beau moyen pour rendre les bâtimens d'un prix excessif, ét ruiner les Edificateurs !

Mad. Janus goûta beaucoup les plans de ce Dernier, qui sans-doute reüssira, s'il est appuyé du Gouvernement.

Les trois mariages se firent. Muguette épousa le Machiniste ; Belledejour le Jeune-Negociant en speculation, qui le devint en-effet ; ét Belledenuit le Cultivateur.

Ces trois Jeunesgens n'avaient pas besoin de leurs Femmes, pour tenir leur maison : Ils les laissèrent à Mad. Janus, chés laquelle ils venaient manger. La meilleure Compagnie se réünit chés la Duègne, depuis les mariages : On y joue un jeu honnéte, deux-fois la semaine: On y donne concert le dimanche, ét toutes les Cantatrices y viennent: On y parle de mathematiques, de litterature, de sciences ét d'agriculture les quatre autres jours. La règle est invariable. Les jours de spectacle ne changent rien à l'ordre. On veille plûs tard, ét les mêmes matières sont traitées de-suite.

Nous affistons à toutes ces seances, ét nous y menons notre aimable Cousine. Mad. Janus nous intereſſe, ét nous trouvons du plaisir à la voir heureuse par ſes Elèves, dont toutes ſe portent au bien.

Nota. Si ces Hiſtoriettes étaient un Roman d'imagination, ce Roman ne vaudrait pas grand'chose : C'eſt leur verité, que nous a garantie M. Aquilin-des-Eſcopettes, qui donne un prix aux faits. L'hiſtoire ferait un Roman très-mauſſade, ſi ce n'était pas l'hiſtoire. Mais, nous repetons ici, que les traits ſont voilés avec le plûs grand ſoin : *Narrare, non lædere.*

13.me ét 14.me CONVERSEUSES:

PRINTANIÈRE, ét BLEUETTE.

Il n'exifle pas de plus charmantes Perfones en Europe, que la blonde Printanière (cette genereuse Cousine qui abandonna fa fortune, ét fes Parens, pour fubir le même fort qu'Automnette), ét Bleuette la brune, dont l'air voluptueux ét provoquant furpaffait la beauté de Venus; ou plutôt, il faut croire, que c'eft ainfi qu'était belle la Mère d'Amour ét des Defirs.

Deux Hommes, de 45 à 50 ans, qui avaient entendu parler de Mad. Janus, fe reünirent pour avoir deux de fes Filles, en-commun. Ils avaient des idées un-peu fauffes; ils prenaient la Dame, non pour une Reftauratrice, ou une Amufeuse, c'eftàdire, reftauratrice morale, mais pour une Matrullê diftinguée. En-confequence, ils penfèrent, qu'il falait faire une fomme confiderable, comme autrefois pour *Laïs* ét *Phryné*, dans Athènes, ou pour *Quartilla* ét *Lycifca* dans Rome. L'Un était un riche Bibliopole; l'Autre un riche Thefmographe. Ils alèrent fe faire infcrire, ét retinrent, fur le choix qu'ils en firent, Printanière ét Bleuette, moyennant centmilleécus chaqu'un. Ils demandèrent un an, pour realiser la fomme. En attendant, les deux Belles reflèrent à la maison-Janus, ét leurs Amateurs avaient le privilége de venir causer avec elles, tant qu'ils voulaient.

Ces deux Hommes étaient mariés. Mad. Janus ne gênait pas fes Elèves: elle leur recomandait la fageffe; mais fi elles y manquaient, elles les foutenait, ét ne leur en voulait pas. Bien que les deux Amateurs, ne fuffent pas attrayans, on ne fait comment il fe fit, que les deux Beles devinrent enceintes; Printanière du Bibliopole, ét Bleuette du Thefmographe.

Mad. Janus, dès qu'elle f'en aperçut, preffa les deux Hommes de realiser, ét leur fit faire un engagement, *fine quo non.* Ils le firent.

La Vieille ét avare Epouse du Bibliopole mourut, ét Mad. Janus le preffa d'épouser, avant le *parture.* Il y confentit, par excès d'amour. Mais quelle fut la furprise de cet Homme, lorfqu'il falut connaître les Parens, de trouver, dans fa Future, fon égale aumoins, ét l'Heritière unique d'une Maison opulente ! Il ne pouvait en revenir.... On l'accueillit, dans la Famille, parcequ'il était plûs riche encore; il changea de quartier, prit un ttain, ét fut un gros Monfieur.

Pour Bleuette, fon Amateur était toujours marié. Mais il realisa les cent-mille écus, que Mad. Janus plaça. Elle permit enfuite au Thefmographe de loger fa

Maîtreſſe où il voudrait. Il choisit un appartement, rue *Pierre-ſarrasin*, où elle *partura.* Elle eut quelque-temps après un ſecond Fils.

Mad. Janus avait les ieux ſur cette E-lève, dont le ſort ne la ſatiſſesait pas autant que celui des Autres : Elle vou-lait que l'opulent Theſmographe aſſurât aux deux Enfans, un ſort égal à celui de leur Mère : Car cette Femme philoſophe ſavait qu'un Mari encore jeune, qui n'a pas de Fils, dont l'Epouse eſt hors d'é-tat d'en avoir, peut être excusable, de chercher ailleurs ce qu'il n'a pas chés lui. Mais elle voulait qu'il aſſurât un ſort à Ceux qui devaient porter ſon nom. Le Theſmographe differait toujours. Alors Mad. Janus, qui conſervait l'empire ſur ſes Elèves, tant qu'elles n'étaient pas ma-riées, conſeilla les rigueurs. Elle fit plûs. : Elle procura des *converſations* à Bleuette.... Sans le vouloir, elle ala trop

Join. Le Thefmographe fe crut aban-
donné : Au-defefpoir, il écrivit ; on lui
repondit un-peu durement. Il tomba
malade, ét mourut, fans avoir affuré le
fort de fes Enfans....

C'eft la première-fois que Mad. Janus
n'ait pas reüffi. Elle en fut reduite à
chercher un autre établiffement à Bleuette. Heureufement qu'elle vient de le
trouver, dans un Homme fuppofé impuiffant. Cet Homme a reconnu le Fils-
aîné de Bleuette, le feul qui vive , a fait
rectifier l'acte-de-batéme, époufé la Mère qu'il adore, ét puni d'infames Collate-
raux, qui par deux-fois ont attenté à fa
vie... Mad. Janus bleffe quelquefois un-
peu la delicateffe ; mais la juftice, jamais.

15 ét 16.ᵐᵉˢ CONVERSEUSES:

ORANGE, ét PIVOINE.

17 ét 18.ᵐᵉˢ CONVERSEUSES:

FRAMBOISINE, ét FRAISÉE.

L'hiſtoire de la Mère d'Orange eſt une des plûs étendues de notre Recueil. Cette Jeuneperſone était vraiment belle, ét d'une majeſté qui l'aurait fait croire fille d'une Princeſſe, ſi nous n'avions pas connu ſon origine.   La Mère était une Precieuſe, ét ſon Père un Puriſte.   On a plûs d'une fois obſervé que les Enfans de ces eſpèces de Gens, ét Ceux des Devots, ſon très-laids, ou très-jolis! Pivoine, ét ſes deux Sœurs, Muſcadine ét Grenade, eurent le bonheur d'être charmantes ; ſans-doute parceque leurs Auteurs, dans leurs chaſtes embraſſe-
mens,

mens, n'avaient eues que des idées agreables: Aulieu, que lorsque les Devots pensent, en ces doux momens, au Diable, au peché, ils ne procréent que de laids Enfans... Mais laissons la physique, ét passons à l'histoire.

Il se trouvait dans le voisinage de Mad. Janus, deux Jeunes-garnemens, de bon appetit, qui convoitaient ardemment deux de ses Elèves: L'Un, Orange; l'Autre, Pivoine. Le Premier se nommait *Rosières*, le Second *Flipon*; Fripon aurait mieux convenu. Les deux Gaillards étaient de bonne-famille; ils devaient être riches un-jour, mais ils ne jouissaient de rien.

Un-soir, vers les cinq heures, à la fin d'octobre, on vit entrer dans le sallon de Mad. Janus, deux petits Vieillards ratatinés, qui demandèrent à la Restauratrice, combien il en coûterait, pour avoir une Sunamite? La Dame repondit:

III Partie. **C**

—Mesfieurs, toutes mes Elèves font prises. Mais j'ai donné l'exemple : que d'Autres Femes-de-merite fuivent cette marche ; je n'ai pas de privilége exclufif. —Vous n'avez donc plus Perfone, Madame ? —Pardonnez-moi, j'ai encore à placer quatre de mes Elèves, non comme Sunamites, mais en-qualité de Converfeuses. Elles ont autant d'efprit que de beauté. Si, après que vous vous ferez fait connaître, vous en voulez deux Chaqu'un, j'ai votre affaire... Vous n'ignorez pas, qu'on fait, entre mes mains, un depôt, qui repond des bonnes-manières qu'on doit avoir avec elles? —Oui, Madame, nous favons tout-cela, ét nous l'effectuerons. Voyons vos Elèves-?

Madame Janus fonna ; une Chambrière parut, ét la Duègne demanda les quatre Elèves.

Orange accourut la première. Mais en voyant des Hommes, elle rougit, ét

ralentit fa marche. Pivoine parut alors.
Framboisine la fuivait. On fait que cette
Jeunefille a été perdue aux Tuileries, par
fa Mère, nièce d'un Curé. Fraisée arriva la dernière. Celle-ci était fille d'une
pauvre Fruitière, ét cousine de Piéda-
louette. Les quatre Belles étaient appa-
riées, deux Blondes, Orange ét Fraisée,
ét deux Brunes. Les deux Vieillards parurent émerveillés! ét ils fe disaient entr'eux. —Comment avoir tout-cela?

Ils firent leurs conventions, qui ayant
été debatues par Mad-Janus, ét enfin
acceptées, amenèrent un quadruple depôt: Ce furent quatre terres, affignées
en dedommagement à chaqu'une des quatre Jeunesfilles, fi l'on venait à manquer
aux conditions, 500 livres par mois,
pendant trois ans, ét la table: Refpect
pour la vertu des Demoiselles, égards,
&c. Le tout bien cimenté, les infor-
mations faites, les Vieillards vinrent

chercher leurs Converseuses, ét les emmenèrent.

Dès le jour fuivant, les deux Gaillards, qui guettaient Orange ét Pivoine, ne les voyant plus paraître, marquèrent une grande inquiétude! Le furlendemain, ils ne purent y tenir, ét vinrent s'informer: Mad. Janus leur dit, qu'elle n'avait plus que les Elèves qui lui aidaient à tenir fa maison, ét que les quatre Dernières étaient placées de la veille. Ils queftionèren t! Mad. Janus ne crut pas devoir leur cacher le nom des Vieillards. Les deux Jeunesgens firent un cri-de-furprife. —Madame! (ajoutèrent-ils) avez-vous bien pris vos precautions?.. Vous êtes trompée!... Nous ne nous fommes confiés qu'à nos Pères, ausquels nous avons écrit de vous, comme d'une Femme infiniment refpectable, dont nous recherchions les Filles; ét encore à deux de nos Amis, le Comte de

Millefleurs, ét le Marquis *des-Rubans* : Ce font, ou nos Pères, qui ont vos Elèves, ét vous fentez ce qu'ils en feront ; ou le Comte ét le Marquis deguisés en vieillards, qui vous auront trompée-.

Mad. Janus fourit, en leur repondant : —On ne me trompe jamais, Messieurs-É —Avez-vous des fignatures ? —Oui- —Pouvons-nous les voir ? ——Non. —Comment favoir la verité? —Comment vous pourrez-.... Mad. Janus ne voulut pas en dire davantage : Mais elle était inquiette.

Dès que les deux Jeunesgens furent partis, elle ala chés les Vieillards. On refusa de l'introduire fur-le-champ. On l'annonça, ét elle attendit. Enfin, Un des Vieillards parut, ét lui fit des excuses, en l'introduisant. Elle trouva fes quatre Elèves, avec quatre Hommes, en comptant l'Introdu&eur, deux Jeu-

C iij

nesgens ét deux Vieillards. Orange, qui
était la plûs éloquente ét la plûs hardie,
s'élança dans les bras de Mad. Janus, en
lui disant :

—Maman ! depuis que nous sommes
avec ces Messieurs, nous n'avons pas
voulu nous separer... Je vous ai écrit
deux Lettres... —Je ne les ai pas reçues.
—Ces Messieurs veulent absolument,
que nous soyions leurs Complaisantes,
sous l'offre de perdre leurs depôts. Une
des quatre terres appartient à Chaqu'un
d'eux. Mais quand nous ferions sûres de
les avoir, nous ne ferions pas ce qu'ils
exigent, ét nous voulons être mariées,
comme nos Compagnes. Je vous pre-
viens encore, que les deux Fils de ces
deux là-... (montrant les Vieillards)...
étaient amoureux de Pivoine ét de moi,
ét que c'est pour cela, qu'ils ont été nous
demander. Quant à ces deux Messieurs
(montrant les deux Amis des Jeunes

gens), ils font leur cour très-vivement à Framboisine ét à Fraisée. Le sentiment de mes Compagnes ét le mien, est que nous ne pouvons rester ici ; qu'il faut nous en retirer, ét rendre les depôts. Nous trouverons mieux une autre-fois.

Mad. Janus, qui ne marchait pas seule, dans ces occasions, frappa des mains. Et aussitôt, on annonça huit Hommes, qui demandaient à entrer. Il falut bien les introduire. Ils ne dirent mot. Les quatre Jeunesperfones vinrent se mettre au-milieu d'eux; ét Mad. Janus, sans prononcer une parole, sortit avec ses quatre Elèves, entourées des huit Hommes.

Arrivée chés elle, cette Femme y attendit les Vieillards. Ils ne manquèrent pas d'y venir le surlendemain, avec les deux Jeunesgens, amis de leurs Fils.

Mais Ceux-ci ayant revu Orange ét Pivoine à la croisée, ils s'étaient presentés chés Mad. Janus, qui avait refusé

C iv

de les laisser parler à leurs Maîtresses. Ce fut ce qu'elle dit aux Vieillards, qui l'en remercièrent. Elle leur remit en-suite leurs dépôts, ét les pria froidement de se retirer.

La conduite ferme ét desintéressée de Mad. Janus les étonna !... Ils avaient vu de-près les quatre Belles, ét l'impression de leurs charmes ét de leur merite avait été profonde. Les Vieillards offrirent de les épouser, pour garantir leurs Fils d'un mariage non-convenable. Mad. Janus accepta. Ce qui redoubla l'étonnement. On lui demanda, si ses Filles y consen-tiraient ? —Il suffira que je le conseille. Je sais parfaitement ce que c'est que le neant des Jeunesgens d'aujourdhui ; ét mes Elèves m'en croiront sur ma parole-. In-effet, ayant appelé Orange ét Pivoi-re, elle leur repeta les propositions des Vieillards, qui furent acceptées sans he-siter. Ils s'engagèrent, de leur côté,

en laissant la moitié du quadruple dé-
pôt qui les regardait.

Le Comte et le Marquis parlèrent ensuite pour eux-mêmes. —Avez-vous des
Pères? (leur dit Mad. Janus): Car
je ne conseillerai jamais à mes Elèves
d'épouser des Jeunesgens. —Oui (re-
pondirent-ils), nous en avons. —Envo-
yez-les moi? —Nous vous les amène-
rons-. L'on sortit.

Dans la réalité, les deux Vieillards
(à ce qu'on rapporta chés Mad. Janus),
avaient pris un goût très-vif pour
Orange et Pivoine, et leur intention
était de les épouser, pour sauver ce
mariage à leurs Fils. Ils agirent en-conséquence.

Deux jours après, le Comte et le
Marquis reparurent, mais tellement
deguisés, qu'on ne les reconnut pas. Ils
se dirent leurs Pères: Mad. Janus les prit
pour ce qu'ils se disaient. Ils se passion-

nèrent pour Framboisne ét Fraisée...
Mad. Janus prit alors fon air fin, pour
leur dire : —Mesfieurs, j'ai des Elèves
de tous états. Celles que vous me de-
mandez ne font pas... d'une naiffance re-
levée ; mais... elles n'en ont que plûs de
merite-. Et elle fit leur veritable hiftoire, d'un air qui la demeatait. On fut
fi perfuadé que la verité devait être tout
le contraire, que les pretendus Vieillards affurèrent, qu'ils étaient fâchés,
que leurs Belles ne fuffent pas d'un rang
plûs bas, afin de leur prouver mieux
leur attachement desintereffé.

Les deux autres Vieillards continuaient
leur preparatifs: Les deux Jeunes-voi-
sias fe presentaient prefque tous les jours
fans être reçus. Enfin le moment arrIva. On fe rendit à l'autel à minuit·
Les quatre mariages furent celebrés, ét
de-là, on fe rendit chaqu'un à la cham-
bre-nuptiale.

Les Nouvelles-mariées furent surprises de l'amour vigoureux de leurs Vieillards! Mais elles n'avaient pas assés d'experience, pour se douter de la verité.

Le lendemain, on revit des Vieillards: La nuit suivante, dans l'obscurité, c'étaient des Titons rajeunis. Les quatre Elèves consultèrent Maman-Janus, qui leur fit present à chaqu'une de plûsieurs bouteilles de phosphore, pour examiner leur *Amour* au-milieu de la nuit. Elles n'y manquèrent pas; la curiosité est une passion si naturelle!....

Orange, après que son Vieillard lui eut prouvé, pour la troisième-fois, une tendresse de Jeunehomme, s'étant aperçue qu'il venait de s'endormir, brisa une bouteille phosphorique, et à l'aide d'une bougie preparée, contempla son Vieillard. C'était Celui des deux Jeunes-voisins, qui paraissait épris d'elle, lorsqu'elle se montrait à la fenêtre!....

Elle ne fut que penfer.... Faire du bruit n'était peutêtre pas fur... Elle remit au jour, pour confulter Mad. Janus.

Celle-ci n'était pas moins curieufe de favoir la decouverte de fes Elèves. Elle était à la porte d'Orange avant dix heures. —C'eft un Jeunehomme qui couche avec moi! (lui dit la belle-Blonde). —Je m'en fuis doutée: mais le connaiffez-vous ? —Oui ; c'eft M. De-Rosières, notre voisin. —Hâ-Ciel !... Gardez le filence : Je fau_ai tout, la nuit prochaine-...

La Maman courut à l'appartement de Pivoine, qui demeurait dans la mêne maison. Elle apprit de Celle-ci, qu'elle couchait bien furement avec ce Flipon, l'ami de M. De-Rosières. Mad. Janus lui dit la même chose qu'à la blonde-Orange, ét courut chés Fraisée.

Celle-ci avait couché avec le Marquis,

Mad. Janus vit enfuite Framboisine qui venait de reconnaître le Comte.

Dans la journée, on vit les Vieillards, qui paraiſſaient très-contens ! —Qu'eſt-ce que tout-ceci ? (penſait Mad. Janus). Des Pères, qui épouſent des Femmes, pour les faire coucher avec leurs Enfans ! Par-exemple, voila quelque-temps que je ſuis au monde, mais je n'avais pas encore vu choſe pareille ! Il fait bon vivre ét ne rien ſavoir ; on apprend à ne rien valoir-.

Ainſi penſait la bonne Dame Janus ; ét nous avouons que nous penſons comme elle. Elle examina les quatre Maris, avec une attention ſcrupuleuſe. Dans un moment, où ils étaient ſeuls, ét libres, elle leur vit ôter leur perruque, ét quoiqu'ils euſſent encore les ſourcils blancs, ſe redreſſer, ét paraître ingambes : enfin, elle reconnut les quatre Fripons. Elle les fit voir à ſes qua-

tre Elèves, ét leur recommanda la difcretion.

Dans la journée, elle vit les actes,
qui ne la raffurèrent pas ; les quatre
Garnemens y avaient pris leurs vrais
noms, leurs veritables qualités : c'é-
taient quatre Amis, deux Peintres, lés
deux Etudians-en-medecine, de Famille
honnête , qui, étant devenus très-
amoureux des quatre Elèves , en les
voyant à la fenêtre, n'avaient imaginé
que ce moyen pour les poffeder. Leurs
Parens jouiffaient des quatre terres;
mais les Garnemens n'avaient qu'une
Petite penfion.

Mad. Janus, après cette decouverte,
diffimula. Elle envoya chés les Parens
Par fa Leptre, elle leur donnait l'alter-
native, de ratifier le mariage avec de
Filles qui avaient quelque fortune, ou
de f'expoſer à un éclat fcandaleux:
Les Parens accoururent chés elle, fans

rien dire à leurs Fils, ét voulurent voir les Jeunesperfones, connaître leur fortune. Mad. Janus, montra fes Elèves, qui plurent beaucoup par leur figure, ét d'avantage encore par leurs difcours. Elle avaient chaqu'une près de fix mille francs de revenu. Cette confideration acheva de decider les Parens. Ils fe firent presenter les actes, ét les ratifièrent, fans rien dire aux Fourbes. Cela fait, ét Mad. Janus raffurée, ils dirent qu'ils voulaient laiffer leurs Fils tranquiles, perfuadés qu'ils étaient de la nature des Chats, qui mangent avec bien-plûs d'appetit les choses volées, que les morceaux donnés.

Ils ne fe trompaient pas. Mad. Janus ayant gardé le filence, même avec fes Elèves, ausquelles, en bonne mère, elles payait exactement leur revenu, es Maris étaient toujours tremblans de perdre leur bonheur, Ils decouvrit rent bien qu'ils étaient jeunes ; mais ils ne parlèrent ni de leurs Parens, ni des tours qu'ils avaient joués. Ils vécurent d'abord du revenu de leurs Femmes : puis les Peintres firent quelques tableaux ; les Medecins tuèrent quelques Malades, qui leur furent bien-payés, ét ils presentèrent avec oftentation, quelqu'argent dans le menage ; ils eurent des Enfans, qu'ils aimèrent beaucoup ! Mais.... un évènement pouvait renverfer tout leur bonheur !

Les Enfans avaient depuis trois jufqu'à fix ans ; les Epouses étaient encore aimées, autant qu'aimables, quand les Parens, qui voyaient quelquefois ces jolies Familles, resolurent de fe montrer, ét d'avoir tout-cela chés eux. Pour cet effet, ils declarèrent, en-un-même-jour, à leurs Fils, qu'ils les voulaient établir. Ils leur representèrent leur vieilleffe ; le desir qu'ils avaient de

fe voir des Petitsenfans, pour perpe-
tuer leur nom: Ils declamèrent contre
le celibat, qu'ils representèrent comme
un état infame, la honte de Ceux qui
f'y concentraient, ét un crime de lèse-
nation. Ils finirent par proposer, Chaqu'un de leur part, quatre Jeunesperfones non-belles, mais riches. Lesquatre
Jeunesgens fecouèrent dabord la tête...
Puis ils prétèrent l'oreille... Puis ils demandèrent à voir leurs Pretendues. Les
Parens furent très-mecontens! Mais
ils diffimulèrent. On prit jour.

Il faut dire ici, qu'avant cette entrevue, les quatre Gaillards alèrent voir
les Demoiselles, dont on leur avait parlé; ils eurent avec elles un entretien
particulier.

Le jour arrivé, les Parens dirent,
qu̶e par un arrangement convenu, les
quatre Demoiselles devaient fe trouver
dans la même maison. C'était chés Une

des Elèves de Mad. Janus, appelée Mad. De-Quimperli.

Quand les Familles ét les Amans furent arrivés, les Parens demandèrent à leurs Fils, s'ils étaient bien-decidés à épouser les Demoiselles qu'ils avaient nommées? —Supposé qu'elles y consentent-! (repondit le Mari d'Orange.) Les Autres en dirent autant. Alors une porte s'ouvrit, ét l'on vit s'avancer, entourées de leurs Enfans, Orange, Pivoine, Framboisine ét Fraisée. —Voila Celles que nous voulons vous donner! (dirent les Parens). —Ce sont aussi les Epouses que nous avons choisies! Informez-vous aux Demoiselles que vous nous aviez proposées, ét elles vous diront toutes-quatre, que nous avons été les prier de nous refuser-.

Ce mot les fit trouver innocens, ét ils reçurent leurs Epouses dans leurs bras.

De ce moment, le fort des quatre

Jeunesfilles fut affuré. Les Familles parurent desirer, mais après le denoûment,
de connaître les origines de leurs Brus...
Mad. Janus, qui était l'Adreffe perfoni-
fiée, f'exprima tout-haut, d'une manière, qui laiffa des idées avantageuses,
mais obfcures. On imagina favoir, ét
l'on ne fut reellement rien, qu'un am-
phigouri de naiffance illuftre, mais in-
certaine.

———————

C'eft ainfi que nous avons cru devoir
exposer nos decouvertes, ét nous dif-
traire de maux trop reels, en nous
occupant des Avantures d'Autrui. Nous
terminerons l'Ouvrage par le recit d'une
horreur, dont un Homme-de-lettres connu, ét notre ami particulier, a failli
d'être la victime. Pères, qui avez des
Filles, lisez ét tremblez (*)!

———————

(*) Ce Trait fera dans les *Sept Nuits-de-
Paris*, à la fin.

Avis.

Voici douze Historiettes, qu'on pourrait prendre pour une plaisanterie, ou pour une satyre. Ce n'est ni l'un ni l'autre. Suivant notre usage, nous y exposons des faits singuliers !... Nous ne sommes qu'historiens, ét quelquefois peintres, dans le genre des *Rhiparographes:* Mais nous n'en sommes pas moins utiles, lorsque nous ne peignons que des sujets ignobles... Car nous nous évitons de dégrader la nature, en la rendant: Quand les formes pourraient blesser, nous les dissimulons un-peu, sans néanmoins les mentir..... Lisez, ét croyez, Concitoyens, ét les *IV Gentilshommes* qualifiés *populaires*, à-raison de leurs mariages avec des Roturières, ét *le Curé* dit *patriote*, par les motifs même de son panchant naturel, ét celles du *Divorce-necessaire*, qui prouvent par les faits.

LES
GENTILSHOMMES-DEMORGUES.

SEIGNEUR-POPULAIRE.

Aussitôt après la Revolution, un Gentilhomme de la première-classe, que nous appelerons *Demophile*, encore garson, resolut de donner des marques non-équivoques, de popularité Il chercha, ét fit chercher, une jolie Persone, dans la Bourgeoisie, afin de l'épouser.

Un-jour qu'il montait à piéd la rue *de la-Harpe*, il entrevit une petite Persone, qui avait l'air d'une Elève-de-modes, par un carton qu'elle portait. C'était une Brune, ayant un air virginal, les plûs belles couleurs, la taille la mieux-prise, la jambe la mieux-faite, ét le piéd le plûs joli. —Pardi! (pensa le Seigneur voila mon affaire! Il me semble que cette

Enfant éblouira tous les ieux ! Il faut parler à ses Parens, la former, ét lui faire porter mon titre. Je dirai ensuite au Peuple : —C'est votre Sœur, votre Pareille : Il n'existe plus de ligue-de-demarcation entre les Grands ét vous-...

Demophile suivit la Jeunepersone, qu'il aurait effarouchée, en lui parlant. Elle ala jusqu'à la rue du-Bac : Elle entra dans une boutique, ét Demophile comprit, qu'elle était chés ses Parens. Il s'y presenta.

Avant qu'il eût commencé de parler, il entendit que la jolie *Rosemarine* alait retourner chés sa Maîtresse. Il était en-chenille : Il la demanda en mariage. Le Père ét la Mère surpris qu'un Particulier inconnu leur demandât leur Fille, à-peine âgée de quatorze ans, lui repondirent, Qu'elle était trop-jeune. —Je ne pourrais l'épouser, si elle était plûs âgée : Il faudra, quand elle sera ma femme, que je la forme pour mon état, ét je n'y parviendrais pas, si elle était formée-.

Ce langaje paraiffait fingulier ! on pria Demophile de f'expliquer. Il le fit, en fe nommant. Auffiôt, le Marchand ét la Marchande prirent un air refpectueux, ét confentirent.

—Si je vous avais demandé votre Fille pour la former, avant le mariage, vous me l'auriez refusée, avec juftice : Je vous la demande, pour ne la former qu'après, par decence. Elle ne fera mon Epouse que dans trois ans : Jufques-là, elle aura des Maîtreffes, qui l'inftrui-ront de ce qu'il faut qu'elle fache-! Rien n'était plûs jufte ; on applaudit.

Demophile fe fit conduire chés la Marchande-de-modes, maîtreffe de Rosemarine. On l'y trouva occupée à un ouvrage-de-goût. La Marchande en fit beaucoup d'éloges, ét dit, qu'elle la fesait peu fortir, ét feulement pour fa fanté, parceque fon temps était precieux.

Demophile fut charmé de ce qu'il apprenait : mais comme il était preſſé, il pria les Parens de ſa Future, de la mettre au Couvent, pendant le temps des preparatifs, que l'on commença ſur-le-champ. Demophile dit à la Marchande le ſort qu'il devait faire à Rosemarine, ét lui demanda une Compagne, choisie parmi ſes Filles. La Marchande donna ſa Nièce *Laureole*, que la jeune ét ſenſible Rosemarine aimait tendrement, ét dont elle était tendrement aimée. La Mère de Rosemarine parut intriguée de ce chois : Demophile penſa, que la beauté de Laureole en était cause : Il raſſurait la Mère, quand elle lui dit : —J'ai d'autres Filles, ét ma Cadette aurait pu prendre Une de ſes Aînées. —Ne vous en inquiétez pas (reprit Demophile); elles ſeront mes belleſœurs, ét je ſerai bon frère—.... On conduisit Rosemarine, accompagnée de Laureole, au Couvent le plûs celèbre de Paris, à P***.

Ce

Ce fut-là, qu'on l'appliqua tout-d'un-coup à la former aux manières du monde, en la rendant familière avec des Demoiselles-de-qualité, en la mettant sous la conduite de quelques Dames-pensionnaires. Rosemarine avait le caractère si liant, si doux, si caressant, qu'elle se fit aimer de tout le monde. Laureole, aucontraire, dont la figure était à plûs-grands traits, prenait de la dignité. Il semblait que ce fût elle qui dût épouser Demophile, ét que Rosemarine dût être sa complaisance.

Aubout du trois femaines, le jour du mariage arriva. Demophile épousa Rose-marine, dont les Parens avaient vingtdeux Enfans, garçons ét filles, depuis l'âge d'un an, jusqu'à celui de 25. La Nouvelle-mariée tenait à-peu-près le milieu. Demophile fut enchanté de se voir si nombreusement apparenté ! Il en aima Rosemarine davantage. Comme elle

III Partie.　　　　　　　　　D

avait pris à-peu-près l'air convenable, pendant son séjour au Couvent, ét que Laureole l'avait encore mieux, Demophile n'eut autre chose à-faire, que de les environner, chés lui, de Femmes du grand-monde, qui mettraient son Epouse au-fait, avant de la presenter à la Cour.

Rosemarine ne se fut pas plutôt montrée aux Institutrices que lui donnait son Mari, qu'elle s'en fit chérir: Celles même, qui avaient temoigné du dedain, en furent éprises. C'était une jolie Enfant, qui ne marquait que de la douceur, de la deference: Et cependant, elle ne manquait pas d'esprit! Elle en mettait, ét du très delicat, dans les temoignages de sa reconnaissance ét de son amitié. Laureole aucontraire, hautaine, insubordonnée, aimait son Amie, ét elle lui fesait quelquefois entendre, qu'elle rampait. Laureole fut detestée des Dames, qui conseillèrent à Demophile de l'éloigner.

Mais elles étaient loin de compte! L'E-
poux de Rosemarine, depuis son mariage,
ne trouvant dans sa Femme que douceur
ét devoûment, avait laissé endormir son
amour. Il avait remarqué l'impérieuse
beauté de Laureole, qui lui parut impo-
sante: Il ressentit pour elle une passion
très-vive, sans que néanmoins elle fût
accom pagnée du repentir d'avoir épousé Rosemarine. Celle-ci était une Fille soumise, quand elle était auprès de
lui, ét Laureole, une Epouse remplie de
dignité: Demophile aimait à se trouver
seul-à-seule avec ces deux Femmes: Il
aurait volontiers fait asseoir Laureole
avec lui dans le même fond, ét placé
Rosemarine sur le devant. Il prenait
le parti de ne sortir qu'en grand carrosse, ét de se mettre au-milieu.

Tout le monde voyait le goût du Mari pour Laureole, mais Persone n'en
connaissait la vraie nature: Il aimait

Rosemarine plûſque Laureole, mais d'une manière differente. Les Dames. Inſtitutrices avaient la bonté de plaindre Rosemarine, comme une Epouſe abandonnée, avant même d'être poſſedée, car elle n'était encore femme que de nom : Elles avertirent la Mère.

Cette Femme fut effrayée du ſort qui menaçait ſa Fille cherie ! Elle demanda conſeil. On voulut voir ſa nombreuſe Famille. Or il y avait, parmi ſes Filles-aînées, deux Beautés formées, & les plûs attrayantes qu'il ſoit poſſible d'imaginer. Les Dames ne trouvèrent auqu'un inconvenient à les rendre rivales de Laureole. *Acaciette* était une Brune provoquante, de vingt ans, ayant le ſourire delicieux: *Brunone* en avait vingtdeux ; elle joignait la dignité de Laureole, à tous les charmes qui ſemblaient annexés au ſang de ſa Mère, qui elle-même avait été une ſuperbe Femme. On habilla ces deux Jeunesperſones de la manière la plûs élegante, ét on les introduiſit.

Demophile, qui les aimait, les reçut avec les marques du plûs grand empreſſement. Il les cherit; chercha tous les moyens de leur plaire; mais c'était en belles-ſœurs qu'il les aimait : Laureole garda ſon credit. On voulut faire agir Rosemarine, l'engager à ſe plaindre. Elle repondit, —Je ſuis heureuse; j'aime mon Epoux, mon Amie; je n'ai à me plaindre ni de l'Un ni de l'Autre : que leur demanderai-je-?... Heureusement Demophile entendit cette reponſe.

Il en fut ſurpris! Il voulut remonter à la ſource, ét il lui fut aisé de decouvrir, que la haîne qu'on avait pour Laureole était la cause de la conjuration qu'on formait, non contre lui, mais contre cette Fille. Demophile fut piqué. Mais comme il ne voulait pas ſe brouiller avec les Dames, il diffimula. Sa jeune Epouse f'était formée rapidement :   Il resolut de la presenter avec éclat.

Pour cet effet, il prepara, aidé de Laureole, & de fa Femme elle-même, les Frères & Sœurs de Celle-ci en état de paraître : Il les fit habiller, les Garſons en uniforme national ; les Filles en jeunes Grecques :   Laureole eut un coſtume, qui lui alait à-ravir.   Pour Rosemarine, elle eut un habit-de-cour.

Tout étant diſposé, Demophile declara aux Dames, qu'il était temps de presenter fon Epouse à la Souveraine, & qu'il falait en obtenir la permiſſion, ainſi que l'indication du jour.   Ces preliminaires remplis,   au jour designé, l'on fe rendit à la Cour.   Les Dames étaient dans le grand carroſſe, avec Rosemarine :   Dans un fecond, Demophile avec Laureole, & les deux

Sœurs aînées : Dans trois autres carrosses étaient les Sœurs ét les Frères.

Dès qu'on fut descendu de voiture, les Nimphes, au nombre de huit, en comptant Laureole, ét les petits Gardes, au nombre de dix, entourèrent Rosemarine, qui marcha de la sorte, precedée par les Dames. A la porte de la Souveraine, on fut un-peu surpris de ce cortége : Les Dames entrèrent, avec Rosemarine, ét son Epoux; qui, après la presentation, demanda permiffion de faire paraître les Frères ét les Sœurs de sa Femme. Sa demande lui fut accordée, ét l'on vit s'avancer dixhuit Persones. Le plûs-jeune des Garsons n'avait que quatre ans, ét ce fut lui qui commanda l'exercice à ses Frères... Pour les Sœurs ét Laureole, c'était de belles Nimphes, qui paraissaient environner *Diane*, *Venus*, ou plutôt *Psyché*. La Souveraine fut surprise de voir une Famille si nombreuse, ét si jolie. Ce fut alors que Demophile raconta l'hiſtoire de ſon mariage, dont il exposa les motifs, en ces termes :

—Nous ſommes parvenus aux circonſtances, annoncées par les Philosophes, ét desirées par quelques Perſones, comme M. *Grimod-de-la-Reiniere – fils*, M. Yvet, &c. qui ſe feſaient plûs d'honneur d'avoir dans leurs Familles des Hommes utiles, que des Hommes relevés : Aux circonſtances, où le Peuple, indigné contre les Grands, les traite tous d'Ariſtocrates : Ils eſt fort-beau ſans-doute à un Duc-ét-pair d'embraſſer, dans les Aſſemblées des Diſtricts, tous les Citoyens comme ſes frères : mais cela n'eſt pas toujours une demonſtration bien reelle des ſentimens philanthropiques : Qui fut plûs demonſtratif, à ces Aſſemblées, que M. De-Lalli-

Tolendal ? Et cependant, on l'a vu
se retirer de l'Assemblée - Nationale.
Je ne veux rien d'équivoque : Je
suis philanthrope, je suis demophile,
ét je le prouve de la manière la plûs
efficace : j'épouse une Roturière ; non
une Roturière isolée, heritière unique, qui ne m'allie qu'à sa Persone ;
mais une Roturière sœur de dix Sœurs,
ét de onze Frères ; une Roturière
qui me rendra l'allié, mes Enfans
parens d'un Procureur, d'un Notaire,
d'un Avocat, d'un Conseiller au Châtelet, d'un Epicier, d'un Mercier, d'un
Apotiquaire, d'un Chirurgien, d'un
Chaircuitier, d'un Drapier, d'un Bou-
tonier, d'un Traiteur, d'un Fourbis-
seur, d'un Maître-masson, ét d'un Ar-
chitecte : c'est dans cette conduite,
qu'est la vraie philosophie, ét non
dans des embrassades protectrices. Auguste Souveraine ! il falait lier la No-

D v.

blesse à la Roture ; je l'ai fait : mes Cousins , mes Cousines , mes Beaufrè-res , mes Bellesfœurs d'alliance me foutiendront dans leur quartier : Fla-tés de l'honneur qu'aura obtenu ma Femme, leur parente, du tabouret chés la Souveraine , ils ne haïront plus ces Grands ét ces Grandes qu'ils jalou-saient ! D'Autres cachaient une pre-tendue mesalliance ; moi , je me glo-rifierai de ma Femme : Je ferai mettre dans ma genealogie : *Rosemarine-Ga-zemont a honoré la noblesse, où elle est entrée, par la pureté de ses mœurs, la douceur angelique de son carac-tère , la beauté de son sang...* (ici De-mofile , par un geste, fit remarquer la Mère ét les Sœurs de fa Jeune-épouse), *ét celle de son âme. Une Souveraine populaire , femme de Louis-XVI, père de la Patrie , mère de Louis-Dauphin-l'heureuse-esperance , a rap-*

proché, par elle, tous les états du trône : *Les Enfans qu'elle m'a donnés, font plûs nobles, que si j'avais épousé la Fille d'un Souverain : ce qui doit être reconnu de tout le monde, même en Allemagne-.*

Ainsi par la Demophile, ét un doux murmure d'approbation, remplaça les applaudiffemens, contenus par le refpect dû à la Reine.

Il ne fut pas trompé dans fa prevision : Depuis cet heureux moment, tout le Peuple de la Capitale honora les Nobles, confidera les Grands, adora la Reine : car pour le Roi, il eft dans tous les cœurs (*), ét nous connaiffons plûs de cent de nos Concitoyens, qui portent fur leur poitrine fon Portrait, comme une amulette.

____

(*) Qu'aurait dit le Narrateur, f'il avait connu l'admirable Difcours tenu par le Roi, debout, au-milieu de l'Affemblée-nationale !

Quelques jours après, Demophile s'étant aperçu, qu'on le croyait amoureux de Laureole, il lui chercha un Parti. Son discours, ét la presentation, où l'Amie de Rosemarine avait brillé, le rendit facile à trouver, ét ce fut un second lien entre la Noblesse ét la Roture.

Ce fut alors que tout le monde parut content, surtout la Mère de Rosemarine.

On s'attend, peutêtre, que cette Femme alait avoir l'ambition, de vouloir faire de toutes ses Filles, des Duchesses, ou tout-aumoins des Marquises? Point-du-tout! Elle consulta son Gendre, sur un Bourgeois, un Marchand, qui recherchaient les deux Aînées, ét elle les donna, de la manière la plûs franche, à leurs Egaux. Une-seule de ses Filles, appelée *Fleurette*, est destinée à un Homme-de-qualité.

Quant à ſes Frères, Un-ſeul a épouſé une Demoiſelle ; tous les Autres ſe ſont mariés dans leur état. On a pouſſé leur Aîné dans le monde, ſans qu'ils en fuſſent jaloux. Mais il faut dire auſſi, que tous les ans, Demophile reünit quatre-fois toute la Famille, dont Laureole fait partie, & que pendant ces jours-de-fète, tous ſont égaux, tous ſe tutoient ; qu'il eſt decidé que tous les Enfans joueront enſſemble, ſe tutoieront, & ſe regarderont comme égaux.

Voila ce qu'on peut appeler de la philanthrophie reelle, & non une vaine theorie.

II Seigneur-Populaire.

Un Gentilhomme de bonne maison , qui avait entendu parler de l'Avanture de Demophile , resolut d'encherir fur lui.

Demophoon avait été marié ; mais il était veuf. Sa conduite avait tou- jours été regulière ; parcequ'il avait tendrement aimé fa Femme , ét qu'il n'avait jamais entretenu de Fille-de- theatre. Il avait un Fils , être faible ét delicat, comme fa Mère. Demo- phoon penfa qu'au - fond , l'Homme n'était pas obligé , par la nature, mais feulement par les lois fociales, à f'en tenir à une feule Femme; qu'il pouvait fe multiplier , ét faire à lui-feul plu- sieurs unions de Seigneurs populaires. Il était duc de-Chêne, marquis de-Char- me, comte de d'Erable , vicomte de- Tremble , baron de-Frêne , châtelain de-Tilleul, ét feigneur d'Alisier, de-Châtaignier, de-l'Orme, de-Cormier, de-Troêne, de-Sureau. Cela fesait douze noms.

Demophoon resolut de garder le fien, dans fon hôtel, ét d'employer chaqu'un des onze autres à fe faire une alliance dans le Peuple de la Capitale.

Pour cela, il chercha douze Jeunes-filles, dans douze quartiers differens : Comme Duc de-Chêne, il trouva la Fille d'un riche Traiteur, à la chauffée d'Antin.

C'était une belle Brune, d'environ dixhuit ans, nommée Mlle *Mars* ; reüniffant une fanté ferme à tous fes char. mes. Le Duc de-Chêne la fit demander à fon Père, en mariage, à deux conditions : La première, que cette union fe ferait fans éclat, fans invitation de Grands, mais en donnant une jolie fête à tous les Parens de la Demoiselle, ét à tout le Voisinage : Par la feconde, la Future était avertie, qu'elle n'aurait fon Mari qu'un mois de l'année ; parceque, les onze autres, d'importantes affaires l'appelaient au-loin. On accepta les deux conditions, ét le Duc-de-Chêne épousa. Tout le Quartier fut de la noce, ét le Duc, par fon affabilité, fa tendreffe pour fon Epouse, gâgna tous les cœurs.

Aubout de la quinzaine, non par libertinage, non par degoût de fa Femme, mais reellement par vertu, le marquis-de-Charme remplaça le Duc, pour rechercher en mariage, la Fille d'un Apotiquaire du Fauxbourg-Saint-honoré, appeleé M.lle *Avril.* C'était une grande Blonde, faite au-tour, ayant les plûs beaux ieux, les plûs belles couleurs, ét une voix argentine. Le Marquis-de-Charme l'épousa, en donnant une fête à tous les Voisins ;

mais une pellicule legère, colée fur fon visage, deguisait affés fes traits, pour qu'il ne pût être reconnu : Il avait une maison differente, ét peu nombreuse : Il fe reduisit, comme Marquis, à vivre en Bourgeois.

Il fut très heureux, pendant quinze jours ; aubout desquels, les trames d'un troisième mariage le troublèrent un-peu.

Il f'agiffait d'épouser, dans le Fauxbourg-Saintgermain, M.lle *Mai*, fille d'un riche Sellier-Carroffier, jéune-perfone, dont les beaux cheveux cendrés, la tâille fuelte, l'air diftingué, femblaient appeler la qualité de comteffe, aumoins. Le Comte-d'Erable la demanda, l'obtint, ét l'époufa, aux mêmes conditions que la Première, M.lle *Mars*, ducheffe de-Chêne : Le Marquis de-Charme après fes quinze jours de bonheur, avéc M.lle *Avril*, ét quinze jours de repos, épousa, comme Comte-d'Erable, la cendrée ét belle Sellière-Caroffière, qui devint comteffe.

Quinze jours de delai : Quinze jours de recherches, pour trouver, comme vicomte de Tremble, au-haut de la rue Saint-jaques, une jeune ét belle Mercière, ayant les cheveux noirs comme l'ébène, ou comme la Melanie du Palais-royal, qui portait le nom de M.lle *Juin*. A chaque mariage, Demophoon prenait une pellicule differente, qu'il ôtait le foir, après les lumières éteintes, afin que la peau de fon visage ne parût pas trop rude, comme on le lui avait reproché, pendant le jour. Il avait pour confident unique, un vieux Valet-de-chambre, dont il était fûr.

Demophoon fut quinze jours l'heureux Vicomte de-Tremble; après quoi il devint infenfiblément le Baron de-Frêne, pour épouser au fauxbourg

Saintmarcel M.lle *Juillet*, fille d'un riche Brasseur.

C'était une superbe Creature! un peu colosse ; mais ayant la jambe fine, ét le pied bien-fait. Elle était brune; ét cependant elle avait la peau d'une blancheur éblouissante. Le Baron-de-Frêne trouva très-courts, ses quinze jours de baronie : mais enfin, il falait bien se preparer, par l'abstinence, à un bonheur nouveau.

La Jeuneperfonne fur laquelle il jeta les ieux, appelée Mlle *Auguste*, vulgairement *Août*, était fille d'une Marchande-Lingère de la rue Sainvictor, près la Place-Maubert. C'était une Brune interessante, un-peu pâle, mais qu'on rendait si belle, en la fesant rougir, qu'on était tenté d'avoir toujours l'équivoque à la bouche, en lui parlant. Mlle Auguste fit oublier la Belle-Brasseuse : Mais il falut la quitter elle-même, pour Mlle *Septem-bre*, charmante Brune de l'Ile Saint-louis, fille d'un Homme-de-plume.

Celle-ci n'avait qu'environ quinze ans. Elle avait de beaux ieux noirs, une forme de visage ravissante, ét beaucoup de coquetterie. Ses Parens étaient riches, ét ils trouvèrent fin-gulier qu'une simple Châtelain, devenu leur Gendre, ne donnât qu'un mois, fur les douze, à leur Fille. Demophoon previt que ces Gens-là lui causeraient du chagrin ; ce fut pourquoi fon regret fut moins vif, en f'éloignant d'une Epouse adorable, ét qui avait be-oin d'être cultivée.

C'eft dans la rue Saintantoine, que le Seigneur d'Alisier trouva fa fep-tième Epouse, dans une jolie Epicière. Celle-ci était blonde, ét raviffante : Il le falait, pour que Mlle *Octobre* fit oublier Mlle Septembre. La belle Octobre s'attacha beaucoup à son Mari, ét le 15.ᵉ jour arriva, qu'il n'avait pas encore songé à la remplacer. Heureusement pour ses projets, qu'une jolie Fripière de la grande-rue du Faubourg, étant venue à passer, elle frappa M. d'Alisier, qui la suivit, la vit rentrer ches elle, ét forma la resolution de la demander en mariage.

Dès le lendemain, sous le nom de M. du-Châtaigner, il ala chez M. *Novembre* le fripier, pour lui exposer le desir qu'il avait d'épouser M.ˡˡᵉ sa Fille. M. Novembre trouva le Parti sortable; ét de ce moment, il ne cessa de reclamer, pour son Gendre, toutes les prerogatives de la Noblesse. Mais, aux repas des noces, M. Du-Chataigner fit publiquement entendre à son Beaupère, que tous les Hommes étaient égaux. Ce qui lui concilia la bienveuillance de toute la Compagnie, composées de Chaudroniers, Fripiers, Tâilleurs, Papetiers, &c... C'était un friand morceau, que la jolie Blonde Mlle Novembre! Il falut pourtant la quitter, malgré l'agrement que M. Du-Châtaigner devait trouver dans la societé d'un Beaupère, plûs zèlé pour les Nobles, que la Noblesse elle-même: La raison en est, qu'il se trouvait, rue Saint-louis, au Marais, près celle de Saintonge, une grande êt superbe Fille de Marchand – de – vin, qui parut à M. De-l'Orme, propre à lui concilier une Foule de Gens de tous les états,

En-conséquence, un dimanche-soir, au moment où le Cabaret était plein, M. de-l'Orme s'annonça comme un Gentilhomme assés riche, qui se trouverait très-honoré d'épouser la belle Tavernière, attendu que tous les états étant égaux, la Belle, par ses charmes, ferait bien de l'honneur à celui qu'elle voudrait choisir. Ce discours, prononcé hautement, attira les bruyans *bravo* de toutes les tablées, qui se réünirent, pour demander au Tavernier la main de sa Fille, pour le brave Gentilhomme M. De-l'Orme. Le Cabaretier ôta son bonnet de coton, mis sa perruque, & dans cet état decent, repondit —Monsieur, & vous mes honnêtes Pratiques ; je vous dirai, que je n'ai pas grand goût pour la Noblesse : mais que, vu l'air honnête de M. De-l'Orme, dont son Valet-de-chambre m'a dit beaucoup de bien, & à votre confideration, je consens à lui accorder Mlle *Decembre*, ma Fille : A-condition, que les Dames nobles lui cèderont le pas, en toute occasion ; attendu l'honneur qu'elle a, d'être née dans le Tiers, qui a devoré les deux autres pretendus Ordres, & qu'il a tellement broyés dans son estomac, qu'ils n'ont fervi qu'à lui donner de l'embonpoint. Par-ainfi, je veux que ma Fille, devenue Dame de-l'Orme, foit audeffus de la Nobleffe, comme étant de l'Etat-general, fource, ét abîme des Autres-. Ce langage du Taverniers excita des applaudiffemens convulfifs, ét lui fit vendre un demi--tonneau de plûs dans la foirée. M. De-l'Orme accepta toutes les conditions, ét comme fon digne Valet–de–chambre avait expofé les fiennes, le mariage fe fit. .... Mlle Decembre était auffi aimable, que fon Père était fièr ; elle fit oublier la belle Novembre.

Mais le plan de Demophoon le talonait, ét l'empêchait de f'endormir dans la molleffe: Le feizième jour, comme il prenait l'air avec fa Femme fur le Boulevard, il vit paffer trois Perfones du – fexe ; une grande Brune, fuperbe femme ; une petite Grife, au vifage rond, aux couleurs brillantes, ét une Enfant de neuf à dix ans, qui reſſemblait au bouton-de-rose. Un ſigne fait à ſon Valet - de - chambre lui fit ſuivre ces trois Perſones. Elles demeuraient dans la rue Saintmartin. Le fidèle Agent prepara les choſes. Il ſut que la grande Brune était mère de la petite Rose ; que la Grise était ſa ſœur, ét mariée. Le cas parait embarraſſant ! Mlle Janvier était fille d'une Peintre pour bâtimens : Un Sculpteur lui avait fait le Boutonde-rose : M. Du-Cormier ſe determine-rait-il à être cocu en herbe ? C'était un point ſerieux, ét à bien examiner !.. Il l'examina. Et d'après l'examen, il lui parut, qu'il était du patriotiſme le plûs devoué, de prendre ſur ſoi, homme noble, un cocuage roturier. Il fit de-mander Mlle Janvier : Elle lui declara ſon cas : M. Du - Cormier repondit, qu'il ſe trouverait trop heureux d'adop-

III Partie. E

ter Boutonderos ét de la rendre demoiselle. Cette generosité rare determina la Mère à donner fa main à M. Du-Cormier.

Il fut douteux pour Demophoon, f'il avait jamais été auffi heureux. A-la-verité, la rose de la Mère était cueillie; mais une longue fageffe avait presqu'effacé la cicatrice; ce fut une jouiffance delicieuse; la reconnaiffance fe joignait à l'amour. Un fentiment plûs doux encore fe joignit à ce dernier: Il était causé par Boutonderose: Cette charmante Enfant, deja raisonnable, auparavant honteuse de manquer de Père, f'en trouvant tout-à-coup Un plûs riche, plûs aimable, plûs relevé que ceux de fes Compagnes, était dans une ivreffe-de-joie, qu'elle montrait à fon Bienfaiteur avec tranfport. Comme elle l'appelait tendrement fon Papa! Comme elle f'abondonnait dans fes bras!

Comme elle le careſſait en fille ! Jamais impreſſion ne fut ſi douce !... —Hâ ! (ſ'écria un-jour M. Du-Cormier), charmante Enfant ! vous ſerez ma fille !.. oui, oui ; car je vous donnerai mon Fils-!... Il ala ainſi juſqu'au vingtième jour.

Son Valet-de-chambre lui dit alors : —Monſieur le Duc ! ſongez-vous que vous avez encore à vous rendre populaire, dans le quartier le plûs bourgeois de Paris ! Si vous manquez la rue Saintdenis, vous oubliez l'eſſenciel-! —Tu as raîson ! (repondit Demophoon), ét je te remercie de m'en faire reſſouvenir-!... On ala bien vîte chercher une Femme, dans le terroir bourgeois par excellence.

Ce fut à l'Apport-Paris, ét les Hâlles, qu'on trouva la Fille d'une riche Poiſſarde, aſſés bien élevée, pour être deſtinée à un Marchand-Drapier. Mais les propositions de M. Du-Sureau parurent plûs avantageuses : Il fut pre-feré. D'ailleurs, Demophoon avait je ne fais quel air diftingué, qui le ren-dait toujours plûs agreable à fes Maî-trefles, que fes Rivaux. Marie-Loui-se-*Fevrier* le prefera donc.

Jamais noces ne furent plûs folem-nelles ni plûs brillantes, que celles de M. Du-Sureau, avec Mlle Fevrier la Poiflarde : Toutes les Hâlles y furent invitées ; toutes les Marchandes de la rue Saintdenis y affiftèrent par cu-riosité. M. Du-Sureau y vit de fi belles Drapières, qu'il regretta, dit-on qu'il n'y eût pas treize mois dans l'an-née, pour avoir la fatiffaction d'épouser une treizième Femme !

Il fut affés heureux, pendant quinze jours, avec la belle Poiflarde : mais à cette époque, la belle Drapière *Biffextile* lui revint plûs fortement dans la tête que jamais. Il confulta fon

Valet-de-chambre, qui lui conseilla d'épouser cette jolie Marchande, sous le nom de M. Du-Troène, ét de lui donner vingthuit jours, dans l'année pris sur les mois des douze Autres.

Ce conseil fut suivi. M. Du-Troène se presenta chés le Marchand-Drapier comme un bon Gentilhomme, éperdûment amoureux de sa Fille. On l'accepta; le mariage se fit, ét la Poissarde même y assista, sans reconnaître son Mari, au-moyen d'une treizième pellicule. On observera, qu'ici, le Valet-de-chambre ne se presenta pas : Il était suppleé par Un-autre.

Ce dernier mariage acheva de bien-mettre la Noblesse dans l'esprit de la Bourgeoisie.

Demophoon, sous pretexte de ses affaires, s'absenta, comme il était convenu : Il retourna chés Mlle *Mars* :

ſa premiere Femme, ſous le nom de
M. le Duc *du-Chêne :* Puis chés Mlle
Avril, ſous le nom du Marquis *de-*
Charme : Puis chés Mlle *Mai,* ſous
le nom du *Comte d'Erable :* Puis chés
Mlle *Juin,* ſous le nom du Vicomte
de-Tremble : Puis chés Mlle *Juillet,*
ſans le nom du Baron *D-eFrêne :*
Puis chés Mlle *Augufte,* ſous celui
du Châtelain *du-Tilleul :* Puis chés
Mlle *Septembre,* ſous le nom du Seigneur *d'Alifer :* Puis chés Mlle *Octo-*
bre, ſous le nom de M. *Du-Châtai-*
gner : Puis chés Mlle *Novembre,* ſous
le nom M. *De-l'Orme :* Puis chés
Mlle *Decembre,* ſous le nom de M.
Du-Cormier : Puis chés Mlle Janvier,
ſous le nom de M. *Du-Trocne :* Puis
chés Mlle Fevrier, ſous le nom de
M. *Du-Sureau :* Enfin, tous les mois,
deux ou trois-fois, chés Mlle

Bissextile, sous le nom de M. *De-l'Eglantier.*

Il vit ainsi, depuis quelques années; mais nous ne pouvons savoir combien cela durera.

¶ Regardera-t-on cette Historiette comme une plaisanterie, ou comme une réalité? Comme plaisanterie, elle ne serait pas faillante: Comme réelle, on la trouvera peutêtre invraisemblable.... En la lisant, j'ai pensé qu'il falait demander ce qui en était, à M. Aquilin-des-Escopettes? Il m'a répondu : — Cette Nouvelle est véritable : mais j'ai été obligé de la défigurer, en la rédigeant, pour ne pas compromettre le Héros..... Quelques Persones de la Cour raconnaîtront ce trait, qui n'en est pas moins exact, pour être bien-loin au-là de la vraisemblance-.... Quant à moi, j'ai connu le Pendant de cette Histoire, il y a 30 ans.

III. *SEIGNEUR-POPULAIRE.*

Democrate grand-seigneur, d'un caractère un-peu different de *Demophile*, & très-éloigné de celui de *Demophoon*, prit un parti different des deux Autres. Son hiſtoire eſt connue de pluſieurs Perſones.

Le Duc *des-Peupliers*, en voyant dans quel diſcredit la Nobleſſe était tombée, prit le parti de l'abjurer entièrement : Il n'éleva pas une Roturière juſq'à lui ; ce fut lui qui deſcendit à l'état de la Jeune-Couturière, dont il devint amoureux.

Elle était jolie. Tout ce qui l'habillait devenait d'un goût exquis ; ſa chauſſure ſurtout était d'un élegance ét d'une propreté, qui annonçaient combien elle ſoignait tout le reſte. Elle était fille d'un Marchand-de-vin-traiteur. Elle était venue demeurer chés ſon

Beaufrère , parceque fa Sœur , jeuneperfone très-aimable, native de la rue
Daufine , avait pris l'ennui du pays ,
dans la rue Saintlouis-en-l'Ile, où demeurait fon Mari. La Jeune-fœur était
auparavant en apprentiffage, ét elle avait
choisi la couture , par goût ; on ne
l'habillait jamais à fa fantaisie; elle avait
voulu favoir faire elle-même.

Le Duc la vit un-jour, en traverfant.
l'*Ile-Saintlouis*, d'Orient en Occident
Il avait deja fon deffein , de quitter la
Nobleffe , puifqu'il était en gros habit
de-drap , en bas de-laine , ét qu'il avait
des fouliers à double femelle. Il fuivit
la jolie *Senfitive*, la vit entrer chés fon
Beaufrère, ét fut qu'elle était fœur de
la Maîtreffe de la maison.   Il f'en-ala.
Mais deux heures après , il reparut, ét fe
presenta pour Garfon-Marchand-de vin,
fous le nom de Bourguignon.   Il ne
f'était presenté, que pour avoir une en-

E v

trée, ét se faire-connaître, en revenant plusieurs-fois : Mais, contre son attente, il plut à la Sœur de Sensitive, ét fut accepté. On lui dit, qu'il n'avait qu'à faire apporter sa cassette.

Démocrate fut au comble de la joie! Il retourna dans son hôtel, qui lui parut moins riant que la boutique du Marchand-de-vin-traiteur, fit quelques petits arrangemens avec son Intendant, son Maître-d'hôtel, son Valet-de-chambre, prit une malle convenable à son nouvel état, ét se rendit rue Saintlouis.

Démocrate fut bien reçu : On lui donna une petite chambre au grenier, un lit-de-sangle, un matelas, & un grand drap, qu'il devait mettre en-double. Il fit son lit. Le soir même, il fut à table à-côté de Sensitive. Il parla bien, ét deux ou trois-fois la jolie Couturière leva sur lui ses beaux ieux avec un regard surpris. Démocrate manqua cependant à son devoir, deux ou trois-fois, en ne se levant pas assez vîte de table, quand il entrait des Buveurs : Le Maître lui dit même, à la troisième fois : —*Bourguignon* , attendez que je me lève-.

Cet oubli était bien - pardonnable, dans un Homme, pourqui, jusqu'alors, les Autres s'étaient levés.

Mais le jour suivant, Bourguignon se mit au-fait, ét ne manqua plus à rien.

Son but était de gâgner l'affection du Beaufrère, ét de la Sœur, avec le cœur de sa Belie. Le Duc savait un-peu de cuisine ; il l'avait apprise dans les commencemens de sa philosophie , pour se suffire à lui-méme. Il montra sa science, en deux ou trois occasions. Ce qui lui attira des égards! Il vit, par experience, que la gloire est à tout prix, ét que c'est faute de la con-

E vj

naître, que les Heros font infenfibles à celle de Marmiton... Nos Heros, il falait dire: Car du temps d'Achille ét de la guerre-de-Troie, un grand General fe fefait gloire d'être bon cuisinier.... Quoi qu'il en foit, le merite de Bourguignon, comme aide-de-cuisine, lui donna un grand relief dans la maison de Senfitive, ét dans l'efprit de cette Jeuneperfone elle-même. La Marchande furtout, était glorieuse de fon Protegé, ét elle disait quelquefois à fon Mari: —Vous voyez que je fuis connaiffeuse! J'ai deviné ce Garfon-là-! Le Marchand-de - vin - Traiteur fecouait la tête.... Etait-il un-peu jalous ?..

Un-jour, la bonne Traiteuse le prit en particulier : —Bourguignon (lui dit la Dame), vous êtes un joli-garfon: Jo n'en ai pas encore vu de fi honnête, depuis que je fuis dans le commerce. De quel pays êtes-vous? Car on vous a nommé Bourguignon à tout hasard?

—Je suis Picard, madame. —Hâ ! Picard !... Les Picards sont bons-enfans... De quel pays ! —Mais des environs d'Amiens. —Vous paraissez si bien elevé, que je ne doute pas que vos Parens ne soient d'honnêtes-gens ? —Mon Père était soldat, madame. —C'est un bel état ! plûs honorable qu'honoré !... Avez-vous quelque petite chose, dans votre pays ! —Mais, oui, madame : Je suis propriétaire d'un petit bien... —Hâ - hâ !... De combien ? —Mais... madame... cela rapporte quinzecents livres. —Quinzecents livres !... Mais ! c'est un fond de trentemille livres ! —Oui, madame, aumoins. —Alons, monsieur Bourguignon... ou plutôt... dites-moi votre vrai nom ? Il n'est pas decent qu'un Garson comme vous, porte un nom de province. —Je me nomme *Democrate*, madame. —Alons, monsieur Democrate ! vous pouvez former un bon établissement !

—Je n'en desire qu'un , Madame.
—Et c'est ? —D'avoir l'honneur ét le bonheur d'être votre beaufrère. —Vous dites toujours des choses honnêtes ! le plûs honnétement du monde !... Nous verrons ça... Mais, est-ce que vous avez deja parlé à Sensitive ? — Moi! Madame !... jamais !... Je suis fils d'Honnêtes-gens, qui m'ont appris, qu'avant de chercher à gâgner le cœur d'une Jeuneperfone, il falait toujours favoir, fi l'on ne contrariait pas les vues de fes Père ét Mère, de fes Frères ét Sœurs !... Une Fille est le bien de fes Parens ; ils l'ont élevée, ét jusqu'au moment où ils l'ont établie, elle est leur proprieté. —Hâ! le bon Garfon! le bon Garfon! il me tourne la tête, tant il a de merite !... Hé-bien, mon Ami, tu me feras le plûs grand plaisir de gâgner le cœur de ma sœur Sensitive! Tâche de lui plaire, comme tu me plais, ét tu l'auras-. Democrate baisa la main,

très-appetissante, de Mad. *Fouteaux* la Marchande-de-vin-traiteuse. —Comme il est poli! (s'écria la jolie Marchande, en s'en-alant); c'est un Sujet unique!... Il aura ma Sœur; il m'aurait eue moi-même, s'il avait voulu-!...

Sensitive rentrait. Democrate ala audevant d'elle; il pleuvait. Il lui prit son parapluie, l'égouta, lui poussa un paillasson vert, pour essuyer sa jolie chaussure, ét fut payé par un sourire. Il ne dit pas un mot; car on l'appelait.

—Que dis-tu de ce Garson-là, ma Sœur? (dit la Marchande-de-vin-traiteuse). —Mais, ma Sœur, ... on n'en saurait dire que du bien. —S'il te demandait? hem? —Mais, ma Sœur... est-ce qu'il me demande? —Oui, oui, ma petite Sœur! —Ha! ma Sœur!.. Et sa Petiteperfonne se jeta au cou de son Aînée. —Ouais! est-ce que vous l'aimeriez, Ma'm'selle? —Hâ! ma Sœur! il n'y a plus de mal? —Est-ce qu'il y en avait? —Non, ma Sœur? —Savait-il que vous l'aimiez? —Hô-non, ma Sœur! —Bon! ma Sœur! ma jolie Senſitive! je vois que tu es ſage, une bonne fille; tu as de la vertu.... Alons! nous alons voir ça... Mais!... de la ſageſſe!... de la retenue! Il faut qu'une Fille ſoit toujours ſur ſes gardes, ét qu'elle cache ce qui lui fait le plûs de plaisir... comme je fais... car........ Il le faudra même encore un-peu, quand tu ſeras femme-.... Ici, la Sœur-aînée fut interrompue; on l'appelait au comptoir.

Democrate, qui avait été prevenu par ſon autre Garſon, auprès des Buveurs, avait tout entendu. Et ce moment delicieux le paya de toutes ſes mesaises, même de coucher ſur un mauvais ét unique matelas, enfoncé dans uʼ lit-de-ſangle troué.

C'était à midi. On dîna. Vers les

deux heures, Senfitive retourna ehés fa
Maîtreffe-couturière. La Marchande-
de-vin-traiteuse dit à Democrate:
—Mon Ami, voila un rayon-de-foleil;
Senfitive a peu mangé; elle eft peutêtre
indifposée; fais lui faire un tour jufqu'à la pointe de l'Ile, avant qu'elle
rentre chés Mlle *Raguidot-*. Democrate rougit de plaisir. Il prit le pa-
rafol, presenta le bras à Senfitive, ét
ils fortirent.

Obfervons ici que le Duc, depuis
qu'il était Garfon-marchand-de-vin-
traiteur, était d'une propreté coquette:
toujours de belles veftes de bazin, à
brandebourgs, des culotes de lin, des
bas fins, dont il changeait tous les
jours; des efcarpins de peau-de-chèvre,
de belles boucles à-pierres, &c. Il
était bien-coîfé, &c. On l'appelait
dans le Quartier, le beau Garfon-trai-
teur. Senfitive, en lui donnant le

le bras, était la bien nommée: l'attouchement l'électrisait; mais il dilatait son petit cœur, aulieu de le contracter. Arrivés sur le quai *Daufin*, sans avoir ouvert la bouche, les deux Amans sentirent ce mouvement-de-joie, qu'on éprouve toujours, en recevant les rayons du Soleil. Democrate dit enfin à Sensitive :

—Mademoiselle! voila un beau temp! —Oui, Monsieur Bourguignon. —C'est un beau moment! il faut en profiter? —Oui... car les nuages... vont peutêtre revenir. —Je ne crains pas ceux-là... Celle qui fait mes beaux jours, le soleil de ma felicité... peut seule écarter les nuages que je redoute. —Qui donc, Monsieur Bourguignon? —Vous. —Moi! —Vous-seule, belle Sensitive... Apprenez que c'est pour vous, que j'ai pris votre état, que je suis venu chés vos Parens. —Hâ!... ma Sœur m'a dit, que vous aviez du bien... Mais cela ne m'a flatée, que par-rapport à vous... —Comment donc cela? —Ma Sœur ma dit ... que vous m'aviez ... demandée. —Oui, ma belle Sensitive !... ét je mets mon bonheur à vous obtenir pour épouse; toute ma vie, je le mettrai à faire le vôtre. —En ce cas, je fuis fâché que vous foyiez riche. —Hé! pourquoi donc? —Hâ! je le fais. —Je dois le favoir auffi? —Tenez, Monfieur, j'avais affés, rangé, comme vous l'êtes, pour vous faire un établiffement; ét j'aurais voulu... tout faire pour vous ! —Hâ! Sensitive !... votre cœur eft un tresor.... Cependant,... votre generosité vous égare ; c'eft à l'Homme, de faire le fort de fa Femme ? —Hô ! en ce cas, fuffiez-vous prince, comme vous meritez de l'être-!..

En achevant ces mots, Sensitive fe trouvait à la porte de Mlle Raguidot :

rougissant de ce qu'elle venait de dire, elle quitta le bras de son Amant, s'élança dans la maison, ét en referma la porte. Le Duc s'en revint le plûs heureux des Hommes.

—J'ai voulu être philosophe (penfait-il), ét en cherchant la philosophie, j'ai trouvé le bonheur : Est-ce que la philosophie ét le bonheur feraient infe-parables-? Il rentra.

Mad. Fouteaux lui dit, avec étonne-ment : —Votre promenade a été bien courte! —Oui, Madame. —Est-ce que Senfitive n'a pas voulu se prome-ner? —Je vais tout vous dire, Mada-me-. Et il dit tout. Ce qui rendit très-contente la belle Traiteuse.

A huit heures du foir , avec la per-miffion de la Sœur, Democrate ala fe coler auprès de la porte de Mlle. Ra-guidot : Senfitive fortit aubout d'un moment, ét le Duc lui presenta fon bras :

—Nous avons permiſſion d'aler juſqu'à la pointe (lui dît-il). —Je le veux bien, Monſieur. —Vous m'avez quitté bien bruſquement tantôt! Votre Sœur m'a demandé, Pourquoi j'étais revenu ſi vîte, ét je l'ai dit-. Senſitive ne repondit pas. Elle ſ'appuya un-peu ſur le bras de Democrate; elle le regarda, ét ne prononça pas un mot. Son Amant lui prit une main, qu'il preſſa: Ils firent tout le tour de l'Ile, ſans dire une parole, ét ils rentrèrent, le cœur plein de bonheur.

La Sœur, après ſouper, leur demanda, Ce qu'ils avaient dit? —Rien (repondit Democrate): Puis il peignit ce qu'il avait éprouvé. —Et toi, ma Sœur? —Tout-de-même, ma Sœur, (repondit Senſitive, en ſ'approchant de ſon oreille, —En ce cas (reprit la Traiteuse), il faut vous marier? —C'eſt tout ce que je desire-; (ſ'écria le Duc). Pour Senſitive, elle rougit.

On fit les preparatifs. Toute la famille de Senfitive fut avertie: Le Duc fit venir fes papiers, ét les montra aux Ecclesiaftiques feulement. On fit un contrat, dont la lecture fut differée jufqu'au matin, encore paffa-t-on le preambule. On fe maria. La fète fut brillante.

Le furlendemain, Democrate ala f'établir Marchand-de-vin-traiteur au Marais. Sa jolie Compagne n'eut pas plutôt paru au comptoir, qu'elle achalanda la maison. Ile reçut les propofitions les plûs brillantes : Mais elle aimait fon Mari, plûs encore qu'elle n'en était adorée, ét elle refusa tout.

Elle eft fi belle, qu'elle a fait fenfation. Un-jour, un Seigneur lui fit l'offre d'un carroffe, d'une maison, ét de centmille livres de rentes. Senfitive fourit avec dedain, ét elle appela fon Mari, auquel, tout-haut, devant le Seducteur, e lle repeta les propositions. Tandis qu'elle parlait, le Seigneur proposant regardait le Mari, comme f'il eût voulu le reconnaître. Mais il n'y put reüiffir, parceque Democrate n'ouvrit pas la bouche. Le Seigneut en conclut que fes propositions le tentaient : Il resolut de f'adreffer à lui.

Mais, comment vivait M. Democrate le Marchand-de-vin-traiteur, avec fon Epouse ? Le voici.

Le jour, il fefait ét fefait - faire fon ouvrage. Le foir, en vefte blanche, il donnait le bras à fa Femme, pour aler fur le Boulevard-du-Temple. D'autresfois, il alait voir fon Beau-frère à l'Ile-Saintlouis ; c'etait toujours une entrevue delicieufe ; parceque Senfitive ét lui étaient cheris de ces Honnêtes-gens. Voila quelle était la vie de

M. Democrate, marchand-de-vin-traiteur au Marais. Ajoutez qu'il menait assés souvent sa Femme aux differens Spectacles.... Revenons.

Le Seigneur seducteur n'avait pas trouvé facilement à parler à Democrate, qui l'évitait. Un-jour donc, il renouvela vivement ses propositions à la belle Sensitive, qui se fâcha. Democrate survint, ét demanda, De-quoi il s'agissait ? Le Seigneur le dit impudemment. Alors Democrate, repondit, avec un fin sourire : —Tout ce que vous proposez à ma Femme, je puis le tenir : Je lui donnerai un carrosse, un hôtel, des rentes ; je ferai mieux ; je la decorerai d'un titre : Je suis le Duc-de-***; il est tout naturel qu'elle soit duchesse...à-moins qu'elle ne préfère notre état present ? — Hâ! (s'écria Sensitive, la larme à l'œil), je le préfère pour moi ! j'y suis si heureuse!

heureuse. —Vous y resterez tant que vous le voudrez : mais, dites un mot, ét vous êtes duchesse-... Sensitive ne l'a pas encore dit. Le Seigneur qui voulait seduire, est resté l'ami de la maison : Mais Sensitive se garde bien de se rendre plûs libre avec lui, depuis qu'elle est son égale !

Un Seigneur, devenu depuis marechal-de-France, ét qui fit autrefois un pareil mariage avec une petite Couturière de l'Ile-Saintlouis, disait à tout le monde, qu'il ne comptait en sa vie que deux années de bonheur, celles passées avec son aimable Cecile. On ne se moquait pas de lui, parcequ'il était marechal-de-France ; mais s'il fût resté major !

III Part.   F

IV GENTILHOMME-POPULAIRE.

Un Jeunehomme, d'une très-illuftre Famille, ayant affifté à la première representation du *Paysan-Magiftrat*, resolut de decouvrir un fecret, qu'il tenait caché depuis longtemps.... Màis avant d'en venir au denoûment, il ferait à-propos de raconter l'iftoire.

Il y avait à Paris, rue *Saint-André-des-Arcs*, une Maison, où fe trouvaient quatre Filles également jolies. L'Aînée feule y était revenue; l'Education des trois Autres n'était pas achevée : La Seconde était chés une Marchande-de-modes ; la Troisième chés une Lingère, ét la Plûs-jeune chés une Couturière. Les Parens, bons marchands, affés riches, voulaient, contre l'usage, donner une éducation folide à leurs Enfans. Ce fut l'Aînée, qui avait apris les corfets, que vit le Jeune—*De-B—s*.

Il faut se representer ici la plûs charmante des Blondes; un air naïf, de beaux ieux; une bouche un-peu boudeuse, mais vermeille comme la rose, un teint fleuri, une tâille parfaite, ét un pied comme l'eurent Catherine-II, la Duchesse de-Choiseul, ét Mad. Levêque de la rue Saintdenis vis-à-vis l'église des *Innocens*. Elle était en deuil de son Père, ét l'on sait comme le deuil va aux Blondes! Le Jeune De-B—s fut épris, enchanté, ravi.

Le soir-même, il s'informa. Il apprit, que dans cette Maison, l'on avait besoin d'un Homme entendu ét aufait, pour tenir les Livres. Il se fit presenter par son Intendant, robuste Picard qui se dit son père (ét qui l'était), lequel, en se nommant, obtint une entière confiance. Le faux *Lagarenne* fut placé le lendemain.

F ij

En voyant de près la belle *Victoire*, il fut encore plûs épris. Elle était glorieuse fans hauteur, douce, fenfible, active, ét d'un fi grand foin fur elle-même, que c'était toujours une perle. La Mère était une Femme encore agreable. Depuis fa viduité, l'air-de-maîtreffe, la fatiffaction de fes goûts, l'envie-de-plaire lui donnaient des charmes. C'était entre ces deux Femmes que fe trouva un Jeune-homme charmant.

Mais l'amour qui infpirait Victoire devenait tous les jours plûs vif. Lagarenne le diffimulait. Son plan avait été, dès le premier moment, de faire un mariage inegal, mais fecret. Il avait, comme certain Marquis de notre connaiffance, pour maxime, qu'on ne peut-être heureux avec une Creature feduite.... On ne peut donner fa confiance ét fon cœur qu'à une Epouse. Il fe

rescrvait peutêtre de faire casser un-
jour un mariage illegal : mais ceci n'est
pas sûr, ét cette disposition était si cachée au fond de son cœur, qu'il ne
se l'avouait pas à lui-même... Il étudiait
donc Victoire. En six mois... tout autant!.. il ne decouvrit pas un defaut !...
La Mère était aussi une très-aimable
femme ! ét elle aurait balancé les
attraits de sa Fille, malgré leur fraîcheur, dans un cœur indifferent. Mad.
Dutort le sentait : c'est pourquoi elle
ne fesait point paraître ses autres Filles,
qu'elle donnait pour des Enfans ,
dans la conversation. Elle ne voulait
avoir qu'une Rivale. Ce qui l'encou-
rageait, c'étaient les égards respectueux
de Lagarenne, qu'elle croyait interessé,
qu'elle pouvait avantager , ét qu'elle
s'imaginait pouvoir tenter, par un établissement tout-formé. Surprise neanmoins , de ce qu'il ne s'expliquait

pas, malgré qu’on la lui donnât - belle, (car la Mère accordait de frequens tête-à-tête, ét laiſſait fort-ſouvent Lagarenne ſeul avec ſa Fille), elle resolut d’employer les louanges ét les agaceries. Le Jeunehomme était ardent : Mad. Dutort était une belle Brune, à tâille provoquante; il adorait ſa Fille; il fut très-tendre... Mais il faut ſ’expliquer. Cela veut – dire, que le Jeunehomme croyant parler à ſa Mère, lui fesait des careſſes de Fils ? Que Mad. Dutort les croyant des careſſes d’Amant, preſſait dans ſes bras ét contre ſon ſein, un beau Jeunehomme, ét lui baisait le front.... Après cette petite ſcène, la Dame ſe crut ſûre, à - peu - près, de de ſon plan, ét elle ſe propoſa d’éloigner ſa Fille.

Au premier mot qu’elle en dit, Victoire devint pâle, puis rougit comme une cerise. Lagarenne, qui l’entendait, pensa, qu'il ne s'était pas expliqué, ce qui donnait à la Mère des inquiétudes. C'était un dimanche : La Maman devait sortir pour preparer la place de sa Fille : Lagarenne, qui voulait avoir un entretien decisif ét non troublé avec Victoire, feignit d'avoir une affaire importante, ala se mettre en embuscade, vit sortir la Mère, & dès qu'elle se fut éloignée, s'élança dans la maison.

Il trouva la belle Victoire seule, un-peu-triste. Mais elle rougit dès-qu'elle l'aperçut : —Vous restez seule, Mademoiselle ? —Oui monsieur, Lagarenne ; je garde la maison. —Me sera-t-il permis de la garder avec vous ? —Comme il vous plaîra, monsieur. —Vous lisiez ? —Oui : une Comedie. —De Molière ? —Hô-non ! —Peut-on voir ? —ZEFIRE ! une Comedie intitulée *Zefire*, doit-être bien legère !—

—Non ; elle est ... touchante. —Hà !
que je voudrais vous la lire ? —Pourquoi ? —Une lecture touchante ... doit
aider ... à exprimer ... ce qu'on sent.
—Hâ-oui ! ... Vous aimez Maman.
—Je l'adore. —Vous avez raison. —Elle
est votre mère... Elle sera... la mienne...
—La vôtre ! —Belle Victoire ! vous
m'ètes plûs chère que mon existance...
—Moi ! —Vous. Apprenez que c'est
pour vous-seule, que j'ai pris une état,
audessous, ce que je pouvais pretendre...
Je vous ai adorée dès la première-vue;
mais desirant de faire votre bonheur
en fesant le mien, j'ai voulu vous connaître parfaitement... Je ne pouvais
dailleurs supporter votre absence ; elle
me fesait trop souffrir... —Hâ ! La-
garenne-! L'aimable Victoire se laissa
presser dans les bras amoureux de Jeunehomme. Elle était ravie, comblée !...
—Vous m'aimez... uniquement ? (lui

dit-elle enfin). —Uniquement, ét au-delà de toute expreſſion. Vous ſerez mon épouse : je vois que nous pourrons être heureux enſemble ; rien ne m'arrête plus... Vous ſaurez un-jour, Mademoi-ſelle, combien j'ai dû vous aimer !

Or il faut ſavoir, que Mad. Dutort avait eu la même penſée que le faux La-garenne, c'eſt-à-dire, qu'elle avait feint de ſortir pour rentrer par un jar-din-terraſſe, dans la Cour-du-Commerce, ſe gliſſer juſques auprès des deux Amans, ét les écouter. Elle fut un-peu contrariée, par ce qu'elle entendait ; mais point ſurprise : elle trouva très-naturel, que la jeune ét belle Victoire l'emportât ſur elle. Cependant, com-me on n'aime jamais ſa Rivale, elle fut-un-peu piquée, ét elle resolut, à ſon tour de contrarier Victoire.

Pour y parvenir, elle ſortit-à-l'inſ-tant même, donna ordre à une Fille-de-boutique de ne pas quitter fa Fille-aînée, ét f'en-ala chercher la Seconde.

Adelaïde Dutort était une belle brune, telle qu'était fa Mère à quinze ans ; Elle avait l'air noble ; fa blancheur était éblouiffante ; elle était en-un-mot plûs belle que Victoire ; mais Victoire était plûs jolie : c'eft ce que nous fentons nous-autres Hommes ; mais ce que la plûpart des Femmes ne fentent pas ; elle jugent toujours mal leur fexe.

Tandis que les deux Amans achevaient de f'expliquer ; que Victoire, au comble du boñheur écoutait avec raviffement les projets de fon Amant, Mad. Dutort retirait Adelaïde, ét la ramenait à la maison, fuivie d'une Homme qui portait fa caffette. Elles arrivèrent au moment où Lagarenne fortait , pour aler parler à fon pretendu Père.

En-apercevant Mad. Dutort, il courut à elle, ét lui baisa la main. Il leva

enfuite les ieux fur Adelaïde , ét il fut
ébloui de l'éclat de fa beauté.... Mais un
coup d'œil fur Victoire , plûs douce, plûs
touchante, affaiblit l'impreffion... Il courut chés fon Intendant , ét lui declara ,
qu'il voulait épouser Victoire dans huit-
jours. Il n'écouta pas les representations.
—Tous les Hommes font égaux (re-
pondit-il); ét vous favez que c'était le
fentiment de ma Mère : Ainfi , je veux
braver tous les prejugés : Etes-vous fâché que j'aie les inclinations de votre
Fils-! Les Pères comme l'Intendant ,
quelque reels qu'ils foient, n'ont auqu'une autorité fur leurs Enfans ; il falut
ceder, par refpect pour ne pas occasioner
pis. Le foir-méme, Lagarenne père vint
demander Victoire en mariage , pour
fon Fils.

Mad. Dutort trouva cela très-confe-
quent , après ce qu'elle avait entendu ;
mais elle fut furprise de tant de celerité

Elle le temoigna. —Que voulez-vous ? (repondit Lagarenne-père) : les Grands-feigneurs font comme ça ! Que voulez-vous dire, Monfieur Lagarenne, les Grands-feigneurs ? —Il faut vous decouvrir la verité (mais, chut ! motus) !... Mon pretendu Fils eft M. le Duc de-**, fils du Marechal de-* * * : Il eft devenu éperdûment amoureux de votre Fille-aînée, ét c'eft pour cela, qu'il f'eft fait paffer pour mon Fils, afin d'entrer chés vous. —Bon ! —C'eft la verité. —Je ne m'étonne plus ! —Il vous aime beaucoup auffi ! fon caractère eft excellent! ét je fuis fûr qu'il fera le bonheur de votre Fille, le vôtre, ét celui de toute votre Famille !... Mais il tient de fon Père : c'eft-un Homme... qui en vaut quatre, ét votre Fille eft bien delicate ! —Bon ! bon ! Monfieur Lagarenne, les plûs delicates fupportent à-merveilles ces choses-là. —Soit! Vous voila inſtruite. Il veut être votre gendre dans huit-jours : Il ne veut pas être contrarié ! — Il ne le ſera pas. - Nous alons agir-...

Tel fut l'arrangement qui fut pris par l'Intendant-père, ét Mad. Dutort. La Marchande n'eut plus de jalousie ; elle n'eut plus de colère entre ſa Fille ; elle n'eut plus de deſſeins pour troubler ſon bonheur : Elle vit les choses comme elle devaient être vues.

Le ſoir, l'Amant parla clairement de mariage. Mad. Dutort trouva un Amant-duc bien plus aimable encore ! Elle lui fit mille careſſes, comme Belle-mère : Elle ala même juſqu'à faire metre Victoire ſur les genous de ſon Futur. Adelaïde était presente. Elle eut ſa part des ca-reſſes du faux Lagarenne... Mais Victoire était ... adorée... Elle ſe trouva heu-reuse...

Les jours ſuivans, Mad. Dutort ſ'aperçut que Lagarenne , jufqu'alors très-reservé , cherchait à ravir des faveurs , ét à cueiller la rose... —Ma Fille ! (dit-elle à Victoire) j'ai été ta rivale ; mais je croyais ton Pretendu notre égal, ét j'imaginais que mon établiffement tout-formé , lui conviendrait. Je fais le contraire ; je fais que c'eft pour toi qu'il eft venu ici : De rivale que j'étais, je ne fuis plus qu'une bonne mère.... Ton Amant eft ardent !... Prens-garde !... Si tu veux être heureuse .. fi même tu veux être épousée , point de faveurs effencielles, avant le mariage... Qu'il ne cueille la rose , que le foir des noces... Et f'il pouvait ne la cueillir qu'un année après , ce ferait une année de bonheur, de-plûs. N'oublie pas ce que je te dis ! c'eft l'interêt de ton Futur , autant que le tient. .. Et tu verras , ma Fille , ce que c'eft que d'avoir une Mère éclairée, tendre, comme je le fuis... Ton Galant eft ce que tu fauras un-jour... Il eft important que fon amour ne l'affaibliffe pas... Suis mes confeils , ét laiffe-toi conduire-... Victoire remercia tendrement fa Mère, ét lui promit une deference aveugle.

Le jour fuivant , le Duc-Lagarenne trouva Victoire feule en - apparence. Brûlant d'amour , il lui fit les plûs vives careffes. Il demandait ét raviffait des faveurs , avec une ardeur fi obligeante!.... Mais il était furveillé... D'un reduit ob- fcur , où il conduifit Victoire , la Mère voyait tout... Mad. Dutort écarta fa Fille adroitement.....

Après une longue feance , le Duc-La- garenne fortit. Il parut penfif, rêveur, morne. Victoire paffa. Il la regarda triftement. Il fut feulement furpris de voir la fraîcheur de fa parure , tirée à quatre épingles. Mad. Dutort, qui l'obfer- vait , fe montra... ét lui prenant la main , elle lui dit. —Je furveillais ma Fille...

J'aime mieux une infidelité materielle de votre part, qu'une diminution d'eſtime: N'y tentez plus : vous ne l'aurez qu'après le mariage-. Lagarenne baiſa la main de ſa Bellemère future , en lui diſant : —Vous êtes une Femme unique! ét le titre de votre Fille eſt un des charmes de Victoire-.

Il arriva encore deux incidens pareils, avant le mariage, qui ſe fit au jour indiqué : L'Intendant fit mettre les vrais noms, par ordre de ſon Fils-maître, ét l'on donna toute la validité poſſible à cette union. Mais la Mère parut ignorer la condition de ſon Gendre, ét Victoire l'ignorait veritablement

Dans la journée cependant, ſa Mère crut devoir l'inſtruire. Elle lui donna des leçons, pour augmenter le bonheur de ſon Mari ; elle lui recomanda la naïvetté, qui lui était naturelle, ét l'art, qui ne l'était pas... Elle lui decouvrit enſuite

qu'elle était fecretement ducheffe : mais
elle ajouta , qu'il falait qu'elle l'ignorât ,
jufqu'à ce qu'il plût à fon Mari de le
lui reveler.   Victoire n'en fut pas plûs
heureuse d'être ducheffe ; aucontraire ,
elle trembla :   Elle aimait ; elle aurait
preferé un fort tranquile , avec fon Egal :
Sa frayeur la rendit plûs foumise à fa
Mère. Quand elle revit fon Epoux , elle
fut plus raviffante , plûs timide ; il l'en
trouva plùs adorable , ét fa paffion fut-à
fon comble !...

Le foir arrivé, il fut queftion de coucher
la Mariée. Ce fut fa Mère qui la mit
au lit , modeftement , entre les rideaux
tirés.... Il était convenu , que les Nou-
veaux-époux demeureraient à la maison
de la Mère : Le-Duc-Lagarenne l'avait
desiré , pour jouir plùs longtemps avec
fa Femme , d'une douce égalité, dans
une condition commune : Il ne favait pas
que fon Intendant-père l'avait trahi.

Mad. Dutort, qui avait fes vues, ét qui voulait que l'excès du bonheur fît declarer fa Fille hautement ducheffe, prit des moyens bien-finguliers, pour y parvenir : On a entrevu comme elle avait retardé la cueillette de la rose jufqu'après le mariage : On va conjecturer, comment elle faura conferver à fa Fille, le charme de la fleur-virginale, après le mariage, après... une triple maternité... Il eft des choses vraies, qui ne font pas vraifemblables.

Victoire venait d'entrer, à-demi-deshabillée, dans l'alcove de la couche-nuptiale. Le Nouvel-époux brûlait de l'y joindre... Mais... le refpect allegué pour la pudeur de fa delicate Epouse, le retenait... Enfin les lumières f'éloignent, ét il peut franchir les barrières... Il trouve des appas d'une perfection presumée... Il cherche le bonheur... Il triomphe d'obftacles charmans... ét les douloureux foupirs de fa jeune Compagne, paraiffent donner un nouveau prix à fa victoire.... Il la fatigua... Morfée verfa enfuite fes pavots fur les trofées de l'Amour....

Le lendemain, Victoire parut fraîche comme les lis... Son éclat, effet d'un fommeil paisible, frappa d'admiration tous les ieux, ét furtout ceux de fon Mari. Auprès d'elle, en lui parlant, il refpirait le parfum de l'innocence ét de la pudicité... Victoire confervait les manières ét les charmes des Filles; elle était moins voluptueuse qu'une Nouvelle-mariée, émouftillée par le plaisir, mais elle était plus attachante.

Adelaïde n'avait point paru. On la dit malade... Le foir du fecond jour, tout fe paffa comme la veille... Bref, il falut que Victoire donnât les fignes de la groffeffe. Mais fon air brillant contraftait avec fon état : Et le Duc-Lagarenne disait : —Jai fait un beau choix!

ce qui ternit l'éclat des autres Femmes, embellit la mienne-.... On accoucha d'une Fille, que sa Mère nourrit... Victoire garda le lit quelques jours, la chambre six semaines, ét reparut au grand-jour, plûs belle que jamais... Mais cette charmante Femme n'était pas de la tricherie ; sa Mère seule conduisait tout.

Adelaïde ne paraissait pas depuis longtemps. On la disait retournée avec ses Sœurs, ét l'on ne voulait pas que Lagarenne les alât voir. Lorsque Victoire parut retablie, son Mari vint pour coucher avec elle. Mad. Dutort conduisit encore les choses. Le Mari fut enchanté de trouver aux appas de sa Femme, devenue mère, la même perfection, que le jour de ses noces. —Elle est unique ! (disait-il à Mad. Dutort): ma Femme est le chefdœuvre de la Nature-!.. Il vêcut ainsi pendant quelques mois, aubout desquels on fit feindre à Victoire une nouvelle grosseffe. On accoucha encore d'une Fille, qui fut nourrie par fa Mère....

Victoire bientôt retablie, fut desirée plûs vivement que jamais par fon Mari. Son étonnement redoubla, quand illa retrouva plûs vierge encore... Ce n'était pas tout: pendant le jour, auprès de fon Epouse, qu'il avait, ou croyait avoir poffedée la nuit, il éprouvait cette fleur-de-desir, qu'on ne reffent qu'auprès des Jeunesfilles: C'eft que Victoire en avait toute la fraîcheur... Une troisième groffeffe, terminée par la naiffance d'une Fille, fe paffa comme les deux autres.

Il y avait trois ans-ét-demi, que le Duc-Lagarenne était marié. La Revolution arriva. Lorfqu'elle fut confommée, loin de rougir d'avoir épousé une Roturière, le Duc fentit qu'il pouvait s'en faire honneur , ét obtenir par-là une grande faveur populaire. Il resolut de declarer son mariage à sa Famille. Il decouvrit à mad. Dutort, ce qu'elle savait deja , mais il voulait surprendre agreablement une Femme qu'il adorait; il se tut avec elle.

Observons ici , que mad. Dutort, femme audessus de toute espèce de prejugés , connaissait parfaitement le cœur-humain , soit par instinct , soit par une étude particulière : Elle avait senti, ou deviné, qu'on aime une Jeunefille, parcequ'elle a la fraîcheur de Fille; ét qu'on cesse d'aimer une Femme, parcequ'elle perd cette même fraîcheur; parceque les incomodités de la grossesse font repoussantes; ét elle avait conservé la première à sa Fille , en la preservant des autres. Mais à quel prix?... Il s'agissait faire une Duchesse, ét mad. Dutort ne crut pas que ce fût trop acheter ce grand titre , que de facrifier fes trois Cadettes , pour illuftrer fon Aînée... Ce trait eft unique dans l'hiftoire: mais comme il eft reel , à quelque deguisemeat près , abfolument neceffaires , nous avons cru devoir le rapporter ; non-feulement pour faire connaître le cœur-humain , mais pour faire benir la Revolution , qui diminuera parmi les Hommes , des funeftes diftinctions , abfolument deftructives des bonnes-mœurs , par l'orgueil des Uns , ét l'aviliffement des Autres....

Mad. Dutort a reüffi. Le Duc vient de prefenter Victoire , plûs belle que jamais , comme mère de trois Filles , à tous fes Parens affemblés. La beauté de la Jeuneperfone , qu'on a fuppofée plûs grande encore , a fait regarder comme infurmontable la paffion du Jeune-Duc : Ses Filles font-charmantes... Il vient enfin de poffeder fa Femme , ét le comble du bonheur l'attendait dans les bras de Victoire... Quand elle a été grosse, sa pâleur touchante a paru l'étonner! Alors l'adroite Mad. Dutort lui a fait-entendre, qu'il alait avoir un Fils. Cette Dame, instruite des principe de *Buffon*, connaissant tout l'amour de sa Fille pour le Duc, en a sagement auguré, que lorsque la Femme aime plûs son Mari qu'elle-même, au moment de la copulation, elle a un Fils; ét une Fille, si c'est elle-même qu'elle aime davantage.

(*Au moment d'aler à la presse*). Ç'a été un Fils. Le Duc est au plûs haut degré de bonheur : mais ce fréle édifice est autant l'ouvrage de Mad. Dutort, que celui de l'amour de l'Epoux, ét des charmes de l'Epouse. Comme Victoire est-très-delicate, sa Mère, qui en a fait son idole, depuis le glorieux mariage, emploie tous les moyens de la conserver. A-l'aide du secret, exactement gardé,

de l'innocente ét naïve foumiffion de
Victoire, de l'empire que la perfuasion
a donnée à Mad. Dutort fur Adelaïde,
Adèle ét *Adeline* fes trois autres Filles,
elle a garanti la Ducheffe des inconve-
nients de l'herculifme ou de l'achillifme
de fon Gendre, ét elle n'a pas la douleur
de lui voir éprouver le fort de l'infortunée Fille de M. *Tintintin*, dont un
Mari trop vigoureux moiffonna les appas
ét la vie, en moins de trois ans,
Helas ! cet Homme était bien trompeur !
Il indiquait le vent du nord, ét il foufflait
toujours du midi !

Ici finiffent les quatre Gentilshommes-populaires, dont M. Aquilin-des-
Efcopettes vit les Epouses, au Palais-
royal.

___

III Partie.   G   3

LE CURÉ-PATRIOTE.

On publie ce Conte, sans craindre d'être accusé d'immoralité. On se connait en morale tout-comme Un-autre, ét peutêtre mieux : Vous laissez des Prêtres celibataires ; vous paraissez fremir, à la vue d'un Curé, qui veut prendre femme ! Et vous ne fremissez pas d'envoyer vos Filles à confesse à un Celibataire... fougueux .. ou corrompu !... O Insensés ! ô Fous ! on va dire ce qu'a fait un Curé... On ne le nommera pas... Cependant on le connaît... Un-autre, très-honnête-homme, ne desirait, ni la jouissance, ni même l'attachement d'une Femme : Mais il était devoré du desir d'avoir un Enfant, sur lequel reposeraient ses affections paternelles : Il prit une Fille, une Infortunée ; il en eut un Fils.... La Fille, mal-conseillée, lui donna des chagrins... Elle empoisonna fa vie... L'Enfant eft mort; il va quitter cette ingrate Creature, ét fe marier.

Tout le monde fait à quels excès un certain Abbé, très-vigoureux, a osé fe porter! La Capitale a retenti du bruit d'une attentat vraiment criminel contre la Femme de fon Ami. On pourrait citer une foule d'autres traits qui le concernent; ét qui tous, prouvent combien le riche Beneficier contrarie la nature, en demeurant Çelibataire.... Et tependant, qui le croirait! cet Abbé fe montre, en toute occasion, un des plûs ardens prôneurs du celibat facerdotal!....

Un autre Abbé, qu'un Diftrict a tellement épouvanté, qu'il a fui audelà des Monts, avait fi besoin d'une Epouse, qu'il paraiffait quelquefois enragé, dans les rues : Il fe jetait fur les Femmes ét les Filles, avec une indecence, qui le fesait dire atteint de la maladie des.... Chiens.... On raconte le trait de la petite Loûche, très-attrayante, qui fut si effrayée d'une des attaques de M. l'Abbé, qu'elle épousa, un Homme qui l'adorait, ét qu'elle n'aimait pas, à-condition, qu'elle ne coucherait jamais feule.... La pauvre Enfant s'était mariée à-propos ! elle accoucha la première nuit de son mariage.... ét n'en fut pas moins-aimée de son Mari, qui alait disant partout ! —Moi ! me plaindre ! j'ai obligation à M. l'Abbé ** ! fans lui, je n'aurais jamais obtenu mon aimable *Rosalie*....

On a vu, rue *des-Carmes*, un Abbé deftine à l'épifcopat, attaquer une grande ét jolie Fille, qui le repouffa. Le lendemain, il lui mit dans le coqueluchon, de fon mantelet un billet, par lequel il la menaçait d'un ordre du Lieutenant-de-police pour l'Hôpital, fi elle ne l'écoutait pas.... Hé ! Monfieur l'Abbé ! mariez - vous ! vos érotiques vapeurs calmées, vous ferez peutêtre un bon Evêque !

Dans les Hiftoires des *Gentilshommes-populairs*, fera - t - on immoral ? Non , non.... L'on a peint les mœurs, on les a revelées : On établit , par-là, l'infuffisance de lois non-aimées, publiées par des Maîtres. Nous posons enfait, qu'il ne ferait pas inconvenable de laiffer à la difcretion des Hommes d'épouser plusieurs Femmes : Ceux qui f'y determineraient , euffent fait pis, étant gênés.

Voila une longue Preface, pour un petit Conte ! Mais on ne faurait trop reclamer contre l'immoralité, dans un temps où les Ariftocrates font crier (4 et 5 mars), les titres les plus fcandaleux !

G iij

Il faut , quand on prend un état, ſavoir ſi l'on y eſt propre. C'eſt ce que
ne fit pas un bon Curé de Picardie : La
nature l'avait conſtitué pour être patriarche , ét il ſ'était voué au celibat. C'eſt
que ſon temperament ſe developa tard ;
mais ce fut pour être plùs terrible !

Il était deja Curé : Il avait pour Gou-
vernante (car un Curé , ſerviteur des
Serviteurs de Dieu ne doit pas avoir une
Servante) il avait (diſions-nous) une
Gouvernante canonique, de quarante ans
tout-juſte, qu'on appelait, dans le pays ,
Mlle *Margot.* C'était autrefois une
Coquette , une fringante , ét elle avait
encore de la figure , des grâces, ét ſur-
tout de la propreté... Un-jour, que le bon
Curé cauſait avec elle , le pied de Mlle
Margot , par-hasard , ſe posa ſur le ſien
Or Mlle Margot était toujours bien chau-

ffée : le bon Curé n'avait pas encore
fenti l'aiguillon de la chair ; il fut tout
émerveillé de ce qu'il éprouvait ! il appela Mlle Margot, *Ma chère Sœur*, ét
il l'embraffa... La-Gourvernante fe troubla un-peu, par reminifcence ; le bon
Curé la rembraffa, Margot le lui rendit...
ét il n'en falut pas davantage, pour mettre
le feu aux étoupes.

La chose faite, M. le Curé fe trouva
tout penaut ! Il jeta fur Margot un œil
d'indifference, ét fe retira dans fa chambre fans rien dire. Il foupa, fe coucha,
dormit, ét en f'éveillant, il fongea au
plaisir que lui avait donné Mlle Margot.
Il la desira. Il fe leva, fit fes affaires,
dîna, embraffa Margot, foupa. Au
moment de fe mettre au lit, que baffinait Margot, il penfa, qu'il avait desiré
fa Gourvernante. Il craignit de la desirer encore, ét il lui proposa de fe mettre au lit avec elle ?... Margot rougit,

Il la preffa ; elle éteignit toutes les lumières par modeftie , fe desliabilla , ét fe
coucha.

C'était l'hiver.　—Il n'eft tel que de
coucher deux en hiver , pour avoir
chaud ! (dit le bon Curé) : C'eft une
belle invention que le mariage ! Autrefois les Prêtres étaient mariés—... Tout
en parlant ainfi , le Pafteur ét la Gourvernante f'entrelaçaient.　Puis ils.....
f'endormirent.

Le lendemaint-matin , le Curé fe
trouva dans la même fituation que la
veille , à-pareille heure.　Il fut enchanté d'avoir-là fa Gouvernante.... Bref , on
fe leva , ét Margot , la propreté même ,
paffa dans fa chambre , où elle prit un
demi-bain.

Ce fut Margot , qui developa le temperament du Pafteur.　Elle lui donna
une Fille.　On penfe bien qu'elle cacha
fa groffeffe , ét qu'elle vint accoucher à
Paris.

Pour foigner le Curé , pendant fon abfence , elle avait mis au prefbitère une grande Fille , un-peu fa parente , ét fa filleule , appelée *Mariane.* Elle dit à M. le Curé. —Hâ ça ! prenez-garde ! c'eft-une Fille de feize ans : elle a fes Parens ici ; n'alez-pas vous aviser !... Prenez-garde !... vous feriez perdu-!... Le Curé fit les plûs grandes promeffes de fe contraindre ... Margot partit.

Le premier jour , le jeune Curé fe difait à lui-même : —Margot a bien raison !... C'eft une enfant, que fa Filleule ! Cela jaserait-!... Or il y avait dans le Bourg , une Jeunefemme d'une très-jolie figure , appelée la *Chevrier.* Elle était fterile , depuis trois ans de mariage ; elle fe tenait bien , ét on l'aurait prise pour une fille , par fa fraîcheur. Le Paf-teur ala f'imaginer que le Mari de cette Belle était impuiffant, ét que c'était une œuvre meritoire, de le remplacer auprès du fa Brebis mal-foignée. Il fut trouver la Jeunefemme, qui l'accueillit. On envoya le Mari à Soiffons, pour affaire; il devait paffer à Laon, puis gâgner Amiens : Le voyage devait être de dix jours.

Dès le premier du depart, la jolie Chevrier vint doucement, à nuit close, chés le Curé, qui lui ouvrit une porte-de-derrière. Elle entra dans fa chambre, ét ils fe mirent au lit. Le bon Curé trouva Celle-ci plûs agreable encore que Margot : mais le matin, avant l'aurore, la Belle le quittait, ét fe retirait leftement chés elle.

Tout ala bien, pendant neuf nuits. Mais à la dixième, comme c'était la dernière, dame ! on f'en donna, ét l'on ne f'éveilla qu'au grand jour. On parla. La petite Marianne, qui était venue à la porte du Pafteur, pour faire fa chambre, entendit causer, ét reconnut la voix de la Chevrier. Elle cola fon œil à un petit trou, negligé par le Curé, qui avait tout boûché ; elle vit la Chevrier fortir du lit.... Elle fe tut, le cœur ferré... La Chevrier f'en-ala en plein-jour, comme fi elle était venue le matin chés le Pafteur, Son Mari arriva dans la journée, ét elle ne vint pas le foir.

Au-moment de fe mettre au lit, le Pafteur entendit fangloter Marianne, qui baffinait, cachée derrière le rideau. —Hé ! qu'avez-vous, ma chère Fille- (lui dit le Pafteur). Rien. —Mais qu'avez-vous-? Mot. —Parlez-mo -? Et il ala près d'elle. Marianne était en pleurs. —Vous me regardez com ne une Enfant ! (dit-elle enfin) : Cependant, je fuis affés grande, ét ma Mère, il y a quelque temps, m'a dit, que j'étais grand'fille !... Eft-ce que vous croyez que je ne couclerai pas auffi bien avec vous, que ma Coufine-mareine Mar-

G vj

got, ét notre voisine Chevrier ? Essayez, ét vous verrez-? Tout effrayé que fut le Curé de la découverte de son intrigue avec la sterile Chevrier , il ne put s'empêcher de sourire de l'excès de naïveté de Marianne. Il la considera : Elle était faite-au-tour, assés jolie , ét surtout elle avait cet air de seize à dixsept ans, qui seul égale tous les attraits. Il lui dit bonnement : —Hé bien , ma Fille, j'y consentirai ! Mais, si vous voulez me prouver que vous n'êtes plus une Enfant , de la discretion ! tant pour votre compte , que pour votre Cousine , ét pour Mad. Chevrier! C'est par-là que je vous estimerai , ét que je saurai que vous êtes bonne pour les grandes affaires.

Ils se couchèrent. M. le Curé se rappela pour-lors vivement ce que lui avait dit Margot. Il resolut d'être chaste avec Marianne. Ils dormirent, Ils s'éveillèrent , ét se levèrent comme ils s'étaient couchés.

Marianne, dans la journée, était rayonnante : La gloire eſt ce que notre imagination la fait : . Cette jolie Enfant avait mis la ſienne à coucher avec M. le Curé ; elle en était toute fière, ét ſon unique peine, était de ne pouvoir le dire ! Mais elle l'avait promis, ét l'idée de redevenir une Enfant, par ſon indiſcretion, la retenait ſuffisamment.

La jolie Chevrier devint enceinte. Mlle Margot mourut en couches, parceque l'Enfant était trop fort. Celle-ci vêcut. Mad. Chevrier eut un Fils ét une Fille; ce qui combla de joie ſon Mari, ét le Paſteur.

Un ſoir, Marianne dit au Curé: —Eſt-ce que vous croyez que je ne ſais pas, que ma Couſine a fait un Enfant ? C'eſt une Fille. Margot eſt morte en couches... Mad. Chevrier n'eſt pas morte, elle, quoiqu'elle en ait fait deux; mais elle a bien manqué !... O ! comme vous faites de gros Enfans !... ét jolis !... Eſt-ce que vous ne m'en ferez pas un ou deux?... —Si, ſi. —Je ferai donc madame la Curée-? Le Paſteur alors inſtruisit Marianne : Il lui dit, qu'il ne lui ferait pas d'Enfant, parceque les Curés ne ſe mariaient pas; qu'elle était fille, ét qu'une avanture l'obligerait-à ſe cacher, ou la perdrait d'honneur. Marianne l'écouta, reflechit un-moment, ét lui repondit :

—Je ne ſaurais vous dire, combien je desire d'avoir une avanture, de me cacher, d'être impoitante, comme une Perſonne raisonnable ! Faites-moi une avanture ! je vous en prie ! prie !... Je me cacherai. On dira, dans le Bourg : Où eſt-elle ? Qu'eſt-elle devenue-?... On ſoupçonnera. Et c'eſt un ſi grand plaisir d'etre ſoupçonnée! On parle de vous..., Tout le Pays ſ'én entretient... Vous reparaiſſez. Tout le monde vous regarde : On vous montre : On dit, La voila ! la voila!... On court... On ſ'empreſſe....

On vous entoure. Ceux qui font derrière fe hauffent fur la pointe-du-pied... Ho! quel plaisir! quel plaisir— ! M·lé Curé ne put f'empêcher de rire , de ce caractère fingulier. Margot n'étaie plus ; il couchait avec Marianne... Il lui fit une avanture...

Tout ala comme la Jeunefille l'avaie prevu. Mais le Curé manqua de perdre fa cure. Il en dut la confervation à la difcretion de Marianne , qui ne fe dementie pas. Elle refta dans le Bourg ; cacha fa groffeffe par fa grandeur, parut tous les jours , accoucha d'une Fille affés delicate, ne f'arrêta pas , ét couvrit ainfi le Pafteur.

Cependant les bruits couraient. La Renommée qui voit tout , par le tuyau des cheminées, ét qui le raconte aux Vents , qui le murmurent comme les Joncs du Barbier du Roi Midas , la Renommée publiait que la jolie Marianne était accouchée d'une Fille. Mais on ne voyait pas l'Enfant ; on avait toujours vu Marianne, ét la Raison dementait la Verité. Marianne était au comble de la joie, de fe voir le fujet des converfations , des gajûres ! d'apprendre qu'un Temeraire , qui avait gajé pour fa groffeffe , venait d'être obligé de payer. Ce fut pour elle un moment delicieux , que celui où elle apprit ces details.

M. le Curé , lui, était penfif. Lorfque Marianne fut retablie, il ne la preffait pas de recoucher avec lui. Un-foir , qu'elle était dans fa chambre, après fouper , elle lui dit : —Eft-ce que vous ne me ferez pas encore une avanture ? —Je crains ! —Hô ! moi, j'en veux une... Je ne ferai pas contente que je n'aye deux Enfans à-la-fois , comme la Chevrier... J'ai eu trop de contentement, à la première avanture , pour n'en pas defirer une feconde !... Concevez-vous , concevez-vous le plaisir que j'avais, à cacher ma groffeffe! à tromper tout le monde!... à me moquer d'eux, en voyant leur curiosité en-deffous ?... Comme j'affectais d'être agile, furtout dans les derniers temps!... ___C'était-donc la tout votre plaisir ? ___Non.... mais ... c'eft celui qui.... durait toujours-... Le bon Curé ne put resifter à tant de gaîté, de grâces, de charmes ét de naïveté. Il lui fit une feconde avanture.

Cependant, il n'avait pas encore ces principes philosophiques, fi-bien exprimés dans le Difcours de M. Cournan, ét qui depuis l'ont guidé ; fi ce n'eft une ombre, qu'on a entrevue, avec la belle Chevrier. Ce ne fera que dans quelque-temps , qu'on le verra rechercher toutes les Femmes delaiffées, toutes les Epoufes fteriles, toutes les Filles determinées au celibat , pour les tirer de l'inutilité, de la fterilité , ét les mettre, comme il disait dans l'état-de-nature, qui veut que toute plante porte fleur ét fruit, que tout Animal se reproduise, &c.

Marianne enceinte de-nouveau, se cacha encore plûs heureusement que la première-fois. Elle eut deux Enfans, mâle ét femelle, comme elle l'avait desiré. Le Curé, qui avait fait à Paris, pendant la grossesse, un petit cours secret, l'accoucha lui-même; ét dans la suite, il a été constament le sagehomme de toutes Celles qu'il a rendues mère. Marianne a eu dix Enfans, sans auqu'une malencontre.

Il y avait à Paris une Jeunefemme, très-jolie, qui avait quitté son Mari. Nous avons oublié de dire que la seconde année de son Curiat, le Pasteur avait herité de dixmille livres de rente, par la mort de trois Neveux ét de leur Père, causée par des champignons. Sa cure, avant la reduction, valait sixmille livres,

qu'on Ini conferva. On ne pouvait
mieux faire : ce digne Imitateur de
l'Abbé de *Saintpierre*, a foixantefix Enfans, ét il n'eft pas aubout.... Revenons
à la jolie Dame de Paris.... Le Mari était
un monftre, un fou, qu'auqu'une loi ne
pouvait retenir. Depuis trois à quatre
ans, cette jolie Terre était inculte. On
voulait faire quitter Paris à la Jeune-
dame. Un Ami commun en parla au
bon Curé. Marianne était alors regardée comme une Servante-maîtreffe ; on
reprocchait publiquement au Curé fes
deferences pour cette Jeunefille. Il fe
confultèrent, ét le Curé parla de la
Jeune-dame de Paris. —Faites-la venir
(dit Marianne) ; vous me la donnerez
pour maîtreffe ; je lui paraîtrai foumise ;
je lui obeïrai ; elle me gourmandera, ét
tous les bruits cefferont. Je fuis capable
de fouffrir jufqu'à des mepris reels,
pour vous prouver mon attachement :

Vous êtes mon mari, ét je dois tout faire pour vous-. Ce difcours acheva de decider le Curé, fi propre à remplir le rôle de Patriarche Turq, qu'une feule Femme ne lui fuffisait jamais. On manda la Dame, qui fe nommait *Ingenue*

A l'arrivée de la Parisienne, l'âme du Curé fut bouleverfée. Une paffion comme il n'en avait jamais éprouvée, f'empara de fon cœur, ét dirigea les élans vigoureux de fon temperament. ....

(*Nous fupprimons une partie de l'Hiftoire du Curé-Patriote*).

Le Curé - patriote employa divers moyens pour rendre à la population differens Monaftères de Femmes. Quant à ceux d'Hommes, il obferva, qu'ils y nuisent beaucoup plûs qu'ils n'y fervent, parcequ'ils ne font que de fteriles Catins. Il disait à cette occasion : —Qu'on me donne deux Pays à peupler, le *Thibet* par-exemple, où il y a cinq Hommes, contre une Femme : j'aurai beaucoup de peine ; il me faudra employer toute mes lumières, tous les fecours de l'économie politique : empêcher qu'auqu'une Femme ne foit perdue , tant par la debaûche , le libertinage, que par d'autres causes : Une Femme fera un bijou precieux , qu'il faudra enchâffer , pour la livrer à l'Homme à-propos : Je ferai forcé , pour doubler la Femme, d'avoir recours au lait des Animaux, afin de nourrir les Enfans , ét de faire porter annuellement la Femelle : Ce feront des foins à ne pas finir. Mais aucontraire, qu'on me donne à peupler un Pays , comme *Abbeville* ét fes environs, où il fe trouve trois Filles contre un Garfon , j'aurai toutes les facilités poffibles : Jamais mes Femelles ne manqueront de Mâles ; Un fuffirait pour en feconder vingt ou trente ; je dis feconder , ét non fatiffaire le temperament.

Mon Pays fera peuplé en moins d'un fiècle, fans autre foins que d'y faire abonder les fubfiftances. Auffi, je voudrais qu'en France, on fit une pepinière de cette partie de la Picardie : Cela ferait très-utile, pour recruter Paris ! On obligerait les Jeunes-paysanes des Provinces moins *féminipares*, à refter dans leur pays, ét on extrairait tout le *Servitiat* de la Capitale, de l'*Abbevillepage—*.

On voit que le Curé-patriote ne fe bornait pas à la pratique ; il y joignait une theorie éclairée : mais la pratique était fon fort.

Il eft encore vigoureux, en 1789 : Il voit l'aneantiffement des Couvents, ét il en treffaille d'allegreffe. On nous a communiqué un plan, qu'il fe proprose de presenter à l'Affemblée nationale. Nous l'avons trouvé fi beau, que nous ne pouvons nous empêcher de le rapporter :

» Lorsqu'on aneantira les Monaſtères, il n'eſt pas juſte de renvoyer les Français ét les Françaises qui les habitent, ſurcharger leurs Familles, ou augmenter le nombre des Rentiers. Il faudra tout-d'un coup en former des Familles nouvelles, ſous le nom des differentes portions de terres qu'on leur departira : On mariera chaque jeune Moine, avec une jeune Religieuse ; on obligera le Moine à ſ'exercer au labourage, deux mois avant le mariage, ét comme il ſe pourrait qu'il n'y reüſſît pas, on fera de ces nouveaux Paysans, les Pâtres-publiqs, où il y en a ; les Maîtres-d'école, où il en manque ; les Sonneurs, &c. ét la Paroiſſe cultivera pour eux, tel jour Un-tel, tel jour tel Autre : mais cela ne durera qu'une generation ; les Enfans du Moine feront élevés au travail, comme les autres Paysans.

» Quant aux Moineſſes, on ſent que

Chaqu'une d'elles fera propre à tous les details de l'économie-rurale : La fimplicité des Couvens lui tiendra lieu d'usage, ét elle fera la fouche d'une bonne Famille de Paysans fains.

A-l'égard des Moines, qui feront au furplûs des Religieuses, comme ce feront les plûs-âgés ét les plûs-faibles, on pourra les employer comme Ecclefiaftiques, ét fermer pour quelques années les Seminaires, abîmes où f'abforbe une floriffante Jeuneffe, qui f'y deprave par la mafturbation, l'égoïfme, ét tous les autres vices infâmes, que contractent les Hommes feparés des Femmes. On établira même pour règle, que les jeunes Moines, mariés aux Religieuses, deviendront Curés, à leur tour, de preference à de jeunes Seminariftes, qui pourraient faire autre chofe.

Par ce moyen, l'on ne vendrait pas les biens des Monaftères, mais on les

mettrait

mettrait dans la Commune ; ét quoique l'avantage n'en fût pas dabord fenfible, il ferait immenfe par la fuite, à-raifon de la culture ét de la population.

» Reftent les bois : Il faudrait bien fe garder de les detruire ! On les adminiftrerait fevèrement pour l'Etat, avec les precautions convenables, pour en empêcher la degradation : Et lorfque les finances de l'Etat ne feraient plus dans la gêne actuelle, on donnerait les bois aux Communautés, à-la-charge de les conferver foigneusement, ét d'y avoir un canton de reserve.

» Quant aux Chanoines, il faut les aneantir : C'eft un luxe de Miniftres.

» A-l'égard des Curés, je fais par mon experience, qu'il faut abfolument les marier ; à-condition, que chaque Curé aura pour fes Garfons, fur les biens du Clergé, une quantité d'arpens de terres égale à celle d'un Laboureur.

III Part.　　　　　　　　　H

paysan, qui peut vivre de fon bien: Ces Enfans retomberont ainfi dans la Condition-cultivatrice. Si un Fils de Curé devint curé, rien ; fes études feront fa dot: Si Chirurgien, Medecin, Homme-de-plume, Peintre, &c. rien; fon éducation fera fa dot. Aux Filles de Curé, rien ; mais on les mariera à un Homme qui aura fuffifamment, fi elles ne trouvent pas d'elles-mêmes : On fera auffi de ces Filles, en-general bonnes *porteuses*, des Sujets de Colonie, ét elles feront alors traitées avec la plùs grande confideration. Les Superieures des Communautés, fi elles font encore jeunes, feront données de-preference aux Evêques, ét aux Curés.

» Il faut bien fe mettre dans l'efprit, que le feul état à encourager, c'eft l'agriculture : il faut laiffer tous les autres à eux-mêmes ; mais celui de Cultivateur doit être encouragé. Voici les moyens que ie propose , en bon patriote, d'après les lumières que m'ont données l'experience.

» Quand un Paysan viendra, pour fes affaires, à la Ville , tous les Citadins feront obligés de lui parler honorablement : Les Plûs-aisés l'inviteront à dîner l'un, à coucher l'autre , fuivant fes affaires. Les Gens-de-juftice, ou les autres Perfones qui auront affaire à lui, l'expedieront fur-le-champ, en le fesant paffer avant les Citadins. Mais, d'un autre côté, le Paysan ne pourra venir à la Ville, pour fes affaires particulières, que les fêtes, le dimanche, ou les fêtes-publiques : Ces jours-là lui feront devolus, ché les Magiftrats ét autres. Il fera obligé d'être poli, reconnaiffant envers les Gens des Villes , qui ne pourront jamais aler chés lui, l'induire en depenfe, que le Paysan n'en ait obtenu la permiffion du Juge ét du Curé

H ij

de son Village , qui connaissent ses facultés , ét qui ne le permettront, qu'autant que la reception des Citadins n'incommodera pas le Paysan : Ce ne sera jamais dans le temps des travaux, mais uniquement dans le mois qui est entre la moisson ét les vendanges, c'est-à dire au mois de septembre. En tout autre temps, les Citadins ne pourront venir se divertir chés leurs Amis de Village, excepté pourtant la semaine de Noel, si l'envie leur en prenait, ou les fêtes-de-Pâque, pendant trois jours, y compris le samedi.

» Tout Paysan, en qualité de Paysan, sera reputé de condition honnête, ét comme tel, susceptible, dans sa Persone, ou dans celle de ses Enfans, suivant leur capacité, de toutes les places, em- plois, charges, deputations, ambassades : Il mettra pour titre, *Tel, Laboureur, fils de Laboureur*; ét ce titre sera l'é-

gal de tout-autre, plûs relevé en apparence, ét superieur à l'exercice de
tout art ét metier.

» Tout Paysan faineant ou debaûché,
ou incapable, par fa faute, fera degradé
du titre de Paysan, ét obligé de prendre
un metier; mais fes Enfans pourront
demeurer laboureurs.

» Quiconque aura outragé un honnête Laboureur, dans fa perfone, celle
de fa Femme, de fon Père, de fa Mère,
de fes Enfans, de fes Alliés, &c. fera
puni comme ayant infulté une Perfone
facrée.

» Si le Paysan-Cultivateur infulte,
on examinera foigneusement, f'il a
tort. Et alors, malheur à lui! car il
fera puni plûs fevèrement qu'un Arti-
san, ou qu'un Homme de toute autre
condition. La raison en eft, qu'ayant
le privilége de faire-punir fevèrement
fes infultes; celui d'être partout confi-

H iij

deré, relativement à son utilité, il ne faut pas qu'il puisse en abuser. S'il manque essenciellement à un Concitoyen, quel qu'il soit, il sera puni comme profanateur de sa dignité de Cultivateur, qui sera la première des conditions, après la legislature, la ministeriat, ét la magistrature-citoyenne : C'est-à-dire, que reellemént la Cultivature sera le premier des états, parceque ceux qu'on vient de nommer, ne sont pas proprement des états, mais la crême des autres.

„ Qu'il soit libre à tout Homme qui aura des Enfans, de demander pour eux un établissement au-loin, dans des pays deserts, qu'il aura decouverts : A-condition neanmoins, qu'il ne fera pas de lacune dans sa Patrie, ét que la Colonie nouvelle y tiendra par les liens politiques : Si neanmoins un Particulier, qui aurait obtenu la permission de f'établir, dans une Ile, par-exemple, f'y établiffait fans auqu'une charge pour le Gouvernement, qu'il cultivât, prof-perât, &c. ce Particulier pourrait former un Etat fouverain, independant, qui ne tiendrait à la Mère-Patrie que pendant cent ans.

„ Si, aucontraire, on formait une Colonie de Mauvais-fujets, ou de Man-dians, ausquels on avancerait tout, cette Colonie refterait dans la dependance abfolue de la Mère-patrie, par contrat, pendant cent ans.

» Tout Homme qui, en fe prefentant à l'Affemblée de fon Departement, dira: —Je ne veux point de vos lois, elles me deplaisent ; je veux vous quit-ter, ét aler au-loin dans des deserts, y vivre à ma guise-: Tout Homme de cette efpèce fera écouté: On f'oc-cupera de fon bien-être, en lui pro-posant un endroit libre, f'il n'en con-

H iv

naît pas ; ét f'il en connaît, on l'y fera conduire, avec fa Femme, ou telle Femme qui voudra l'accompagner, ou avec une Condamnée, ét la Société qu'il abandonne, fera fa bienfaitrice : Mais elle ne retiendra Perfone par force, dans fon regime. Bien-mieux ; fi plusieurs Perfones de ce genre fe reüniffaient, on leur donnerait, en attendant leur exportation, une maison où ils feraient libres entr'eux, avec la feule prohibition d'ètre nuisibles aux Citoyens du dehors, ét on les tranfporterait tous enfemble, en nombre, l'endroit defert où ils voudraient aler ; avec la faculté de fe repentir ét de revenir... Le but de cette loi, qui paraît d'abord fingulière, ferait de rendre plûs chères aux Individus, ét la Patrie, ét les lois, par une augmentation indefinie de liberté : Ce n'eft pas en faveur des *Sansjoug*, qu'on leur ferait tout le bien poffible, mais en confideration des bons Citoyen, qui en feraient plûs-heureux.

» Je proposerais encore aux Etats-generaux, de permettre le divorce à-volonté, fans en detailler les causes, pourvu que les deux Epoux f'accor-daffent à le demander: Et en detaillant les causes, fi l'Un des deux f'y opposait. On ne pourrait trop étendre cette loi du divorce, qui, jufqu'à-present, a paru l'épouvantail de la Société: Elle-feule peut rappeler les mœurs, le bonheur ét l'union dans les Menages.

» Je fais combien il eft effenciel de marier les Curés, les Evêques même mais leur pe rmettra-t-on le divorce ?... Oui, dans le cas où l'Epouse ferait fcandaleuse, ét alors elle ferait punie. Dans tout autre cas, le divorce leur ferait interdit : Les Epouses facerdotales feraient averties, qu'elles doivent être des modèles-de-vertu : La chafteté des

H v

Curés confifterait à f'en tenir à leur Femme; & ils feraient encore fuffisam-ment mortifiés. *Henri-de-Gueldres*, évêque de Liége, avait fait quatorze Enfans en 22 mois; c'était un Homme comme moi; je fuis un Homme comme lui: Si tous les Curés nous reffem-blaient, il faudrait nous donner autant de Femmes que nous en pourrions nourrir, & nous diftinguer par-là des Laïqs: Mais on ne fait pas une loi fur une exception. Une Femme belle & ver-tueuse aux Pafteurs, fans divorce, à-moins de fcandale, d'adultère ou de me-chanceté; voila ce que je demande ».

Et nous, voila tout ce que nous avons pu recueillir des dits & geftes du Curé-Patriote, qui a, ce premier janvier 1790, 72 Enfans.

Puiffions-nous, par ces faits, fixer un moment l'attention, & faire fourire ces Français, qui ont remplacé le grelot de la Folie par des bayonnette

LE DIVORCE NECESSAIRE,

Prouvé par les Faits.

Dans les Hiſtoires qui vont ſuivre, le but ſecondaire, après celui de peindre ét d'amuser, a été de raſſembler des faits qui tendîſſent à prouver, que le Divorce previendrait beaucoup de crimes ét d'avantures dangereuses, ſoit aux mœurs, ſoit à la vie des Citoyens. Nous voudrions perſuader le bien, en rapportant ce qui eſt mal : Ç'a toujours été notre plan, dans tous nos Ouvrages Ceux qui ne l'ont pas vu, un D'H**, un S.-L**, un Fl*, nos Calomniateurs, ſont des Gens aujourdhui generalement decriés.

Loin de nous l'odieuse licence, favorisée, imprimée par des *Bl—on*, des *C—er*, des *M—ac*, dans les premiers jours de mars !

H vj

I.ʳ T R A I T :

*La Femme qui donne une Inclination
à son Mari.*

Un Jeunehomme de Province avait
épousé une Femme , dont il était assés
amoureux, pour n'en pas desirer d'Autres , quand il fut à Paris. *Lichères* ét
son Epouse vivaient tranquiles: Ils cou-
chaient ensemble , fesaient ensemble leurs
promenades , ét ne s'ennuyaient pas.

Mais le Mari avait des occupations,
qui laissaient son Epouse longtemps
seule : c'était une triste necessité! Il
recevait dans son cabinet differentes
Persones , qu'il falait voir seul-à-seul.
Mad. Lichères n'avait alors d'autres amusement, que de se mettre dans un reduit,
d'où elle voyait ét entendait tout.

Parmi les Gens qui venaient à la maison, il y eut un M. *Beignet* , qui lui

plut singulièrement ! Elle fut dabord tentée de se montrer, quand il venait : mais une sorte de pressentiment la retint. Elle observa, que son Mari fesait beaucoup d'affaires avec cet Homme, ét que leur liaison devenait intime, par le besoin qu'ils avaient l'un & l'autre. Elle ne savait à quoi se determiner. Mais comme l'esprit des Femmes est inventif, elle eut bientôt trouvé ce qui lui convenait.

Elle avait une Sœur de son Mari, qu'elle voyait souvent : Cette Femme, maîtresse-ouvrière, avait, en pension, une Demoiselle *Necard*, jeune persone très - jolie, très - bien mise, quoique pauvre : Mais c'est qu'elle était entretenue par un President. Mad. *Biseau* fit imprudemment cette confidence à sa Bellesœur; ajoutant : —Je la meprise : mais comme elle ne cause aucun scandale, qu'elle travaille assidûment, qu'elle eſt modeſte, ſoumiſe, ét qu'elle paye bien, je la garde-.

Mad. Lichères reflechit à tout-cela. Elle ſe lia ſecrettement avec Mlle Necard ; elle l'invitait tous les dimanches, ét quand la Sœur venait , on feſait cacher l'Elève. Le Mari, qui trouvait Necard charmante ét réſervée, l'eſtimait beaucoup ! (Il n'était pas inſtruit) ! la Sœur ſe gardait bien de lui faire la même confidence qu'à ſa Femme ! elle craignait que les confitures entâmées, ne tentaſ- ſent le Friand....

Pendant tout-cela, Mad. Lichères devint tous les jours plûs épriſe de M. Beignet : Elle reſolut enfin de ſe lier avec lui, ét voici comment.

Elle connaiſſait la ſituation de la jolie Necard : Elle lui en fit l'aveu , mais en lui donnant mille temoignages d'eſti- me : —Ce n'eſt pas votre faute ! (lui dit-elle) ; vos Parens, que je fais avoir

été de bons marchands , ont mal
fait leurs affaires : votre Mère vous a
donnée àun Homme puiſſant. .. Vous
y êtes: ſ'il y a du mal , il ne vient pas
de vous-. Et elle la careſſait. Elle
lui fit enſuite l'aveu de ſon panchant
pour Beignet.

Ici la jolie Necard marqua de l'étonnement, en louant le Mari. —Jeſuis enchantée que tu le trouves à ton goût,
(lui dit Mad. Lichères). J'ai un projet….
c'eſt un badinage…. mais qui nous amu-
sera longtemps… J'ai envie de le faire
inviter par mon Mari. Comme il ne
m'a jamais vue ; que j'aurai ſoin qu'il
ne me trouve pas ici, quand il y viendra , je voudrais que tu paſſaſſes! dimanche prochain, pour Mad. Lichères,
ét moi, pour Mlle Necard ? Nous nous
amuserons bien !... Tu ne t'ennuieras
pas : car mon Mari t'aime baucoup !....
Tu vois que ce n'eſt qu'une risée ?

L'aimable Necard confentit à faire le rôle qu'on lui proposait. Elle y prevoyait du plaisir, parcequ'en-effet Lichères ne lui était pas indifferent.

Mad. Lichères, dans la femaine, fit la proposition à fon Mari. M. Lichères la goûta: ét il fe promis beaucoup d'amusement! Il invita M. Beignet à dîner.

Le dimanche arrivé, comme il n'y avait pas de Domeftique dans cette maison, la jolie Necard, venue de-bonne-heure, mit un tablier blanc devant-elle, ét prit le rôle de Maîtreffe de la maison. M. Lichères trouvait du plaisir à nommer fa Femme une Fille charmante, bien-mise, ét à laquelle le tablier-blanc donnait l'air le plûs provoquant. Mad. Lichères, parée à fon javantage, fefait la dame, ou fi elle aidait, c'etait avec des grâces nonchalantes. On la nommait Mlle Adelaïde, ou Mlle Necard.

Beignet feconda parfaitement les vues

de Mad. Lichères.   Il s'éprit pour elle,
ét l'on s'en aperçut dès le premier moment.   Ce qui redoubla le plaisir , car
la familiarité de Lichères avec la jolie
Necard était delicieuse !   Ils se tu-
toyaient ; il se parlaient en confidence ,
d'une air froid affecté : l'indifference des
Epoux , était un regal pour eux , parcequ'elle n'était pas dans leurs difpositions.

Le dîner fut gai : La promenade le
fuivit.   Pour avoir la fauffe Necard ,
Beignet fit entendre qu'il fongeait au
mariage.   —Alons ! (dit Lichères) , il
faut donc m'en tenir à ma Femme–! Et il
prit Adelaïde.   La journée f'écoula
comme un inftant.   On fe quitta très-à-
regret.   Lichères fit entendre qu'il falait
qu'il reconduisît Mlle Necard.   Il mena fa
Femme : Adelaïde feignit d'avoir affaire,
pour renvoyer le Convive : elle vint
joindre les deux Epoux au coin d'une
rue , où ils l'attendaient.   Mad. Lichères

rentra chés elle, ét fon Mari remena reellement Necard.

On fe doutait que le lendemain à midi. Beignet rendrait une visite. On avait prié Adelaïde de profiter d'une fortie, pour venir. Ce fut-elle que trouva Beignet. Elle le reçut froidement, ét il refta peu.. Il ne revint pas de la femaine : mais il invita chés lui, pour le dimanche fuivant. On porta la ruse, jufqu'à envoyer Mad. Lichères dans l'église Saintjacques-Flamel, où Beignet eut l'inexprimable plaisir d'aler la chercher. Adelaïde était à la maison.

Le double projet de Mad. Lichères ne reüffit que trop! Mlle Necard était une petitemaîtreffe delicieuse ; elle n'était pas Lucrèce, quoique fidelle jufqu'alors à fon President, elle aima Lichères; elle en fut aimée, ét l'Epouse, enamourée de fon côté, encouragait une paffion qui la mettait à fon aise.

Cette feconde entrevue fut encore plûs agreable que la première. On f'amusa, comme des Amans, avec beaucoup de particulier.

Beignet declara ferieusement qu'il voulait épouser, fous quinze jours. On applaudit. Il demanda le nom ? L'on donna ceux d'Adelaïde : Les Parens ? On les indiqua. Dans la femaine, il fit les demarches. Il falut encore ruser, pour faire trouver Mad. Lichères chés fa Bellefœur, aulieu d'Adelaïde... Il était prevenu qu'on fe cachait de la Maîtreffe....... Il fut difcret.

On dîna le dimanche fuivant chés Lichères. Il y avait deux fétes : On en profita, pour augmenter l'illusion : On gardait la jolie Necard : On feignit de la faire coucher dans le lit de M. Lichères : Elle f'y mit en-effet; mais elle en fortit auffitôt au grand regret des deux Epoux : Car ᴍᴀᴅ. Lichères était si ardemment éprise, qu'elle ne pouvait plus souffrir les caresses de son Mari.

Le lendemain, on dîna chés Beignet. On passa la journée ensemble... Le consentement des Parens était donné... Après le souper,... le tendre Amant..... osa proposer à sa Pretendue... de tromper ᴍ. ét ᴍᴀᴅ. Lichères, ét de... rester avec lui ... La fausse Adelaïde eut de bonnes raisons à donner... Elle était obligée de retourner chés sa Maîtresse, &c.

On ralentit les preparatifs pendant six semaines. Beignet était furieux : Il se desolait : Enfin, il declara, que si on differait encor, il retiendrait Adelaïde (ᴍᴀᴅ. Lichères), ét ne la laisserait pas retourner... Mais le President à menager, qu'on lui avoua enfin, modera sa vivacité : Ce fut un coup-de-fourdre !... un feau-d'eau jeté dans le feu. On crut même qu'il fe retirerait... Il était trop épris. La generosité f'en-mêla, quand il fut tout, ét mieux encore (car Mad. Lichères favait embellir fes exposi-tions) : Son cœur f'attendrit. Il jura de regarder fa Femme, comme une Pupile cherie, qu'il arrachait au crime !...

Rien n'arrêtait plus. On alait,... on alait. L'on fe trouvait à la veille. Quel cruel embarras, pour Mad. Li-chères ! Il lui paffait par la tête de tout reveler, de faire épouser Adelaïde, ét de proposer l'échange ma-teriel à fon Mari.

Le jour du mariage vient de poindre : Beignet fe lève ivre d'amour ét d'efpoir... La veritable Adelaïde-Necard, les bans publiés, le confen-tement des Parens ét celui du President donnés, les habits faits, était non-pre parée ; c'était pour Mad. Lichères , dif-ferente de taille , qu'était la depen-se... Le Pretendu arrive. M. Lichè-res riait. Mais fa Femme ... enforcelée d'amour... aurait voulu aler à l'église... fi elle l'avait osé. Elle expose alors fon embarras à fon Mari , qui ne fa-vait pas auffi clairement qu'elle où les choses en étaient. Il fremit , ét mal-gré fon attachement , il penfa qu'il falait faire épouser Adelaïde. Mad. Lichères , fous le nom de Mlle Necard , feignit une fièvre violente , qui l'a-vait prise chés fon Amie... Beignet vint au chevet de fon lit : .... les careffes furent vives... Ce fut alors , qu'en-ivrée d'amour , Mad. Lichères avoua la verité... Elle f'excusa fur fon panchant: Elle dit , que fa fièvre était l'effet du desefpoir...

Beignet demeurait immobile. Puis tout-à-coup prenant fon parti , en fe voyant feul , il voulut poffeder...

Il poffeda... Ivre de plaisir , il quitte Mad. Lichères , prend la main d'Adelaïde , ét la mène à l'autel.

Le mariage fe fait. Adelaïde croyait que c'était le fentiment de fes Amis.

L'abfence ne fut pas longue. Beignet revient marié. M. Lichères arrivait pour dîner. Beignet , l'air altéré , lui dit, devant les deux Dames : —Tu tiens dans tes mains mon bonheur ét ma vie : J'ai poffedé ta Femme tout-à-l'heure : Si elle n'avait pas cedé , je l'aurais poignardée... Mais, je fuis jufte : J'ai fenti , qu'en fesant une injure à mon Ami , je devais lui prêter le flanc. Je vient d'épouser Mademoiselle : Elle eft ma femme : Je te la cède. Donne-moi Celle que j'adore –?

Les trois Perfones demeurèrent interdites , à ce difcours... Enfin , après un long filence , Lichères repondit :

—Que me proposes-tu, mon Ami ? J'aime Adelaïde, j'en conviens, mais un crime pareil à celui que tu medites, empoisonnera notre vie ! —Ma vie en depend. —Et la mienne ! (s'écria Mad. Lichères.) —Serez-vous heureuse avec moi ? (demanda Lichères à la jeune Adelaïde) : —Hô - oui ! —Me voila decidé... Changeons de demeure, de quartier, de noms : Craignons les lois, puisque nous fesons mal ! —Il ne faut pas changer de noms ! (dit Mad. Lichères) : Il faut nous loger ensemble, pour prevenir le hasard des rencontres de nos Connaiffances : Il ne faut confier notre fecret qu'à nous-mêmes, ét avoir une échappée, en cas de malheur.

C'eft ce confeil qu'on a fuivi. Les deux Menages n'en font qu'un : Et comme fi le violement de loi était un affaiffonnement au plaisir, les deux Epoux

Epouses ét les deux Maris font égale-
lement conftans dans leurs liens info-
lites.

Mais font-ils heureux ? Nous ne le
croyons pas. Il nous femble , que fi
le divorce était établi , que ces Gens
euffent pu changer , ils auraient eu
moins d'attrait pour l'irregularité. Nous
penfons que la faculté de pouvoir
s'unir , aurait contribué à ralentir une
paffion, que d'infurmontables obftacles
ont irritée.

Voila le premier Trait de ce genre,
qui foit à notre connaiffance : Nous
alons paffer au fecond, qui fe rappro-
che du genre de celui-ci.

Nitimur in vetitum..................

II TRAIT:

L'Amant qui donne une Inclination au Mari.

Deux Jeunesgens, du même état, ét compatriotes, *Saci* ét *Lavarenne*, vivaient ensemble dans une parfaite union. L'Un (Saci) avait épousé une jolie Persone , qu'il aimait.

Mad. Saci , qui, fille, n'aimait pas son Mari, avait changé depuis, ét comme, toutes les Honnêtes-femmes, elle remplit son devoir : Elle était aussi naïve que jolie ; sa beauté avait seduit Lavarenne ; la naïveté , l'arcien éloignement pour le Mari , donnaient des esperances. La conduite de la belle *Julienne* était pleine de candeur ; elle était douce ét familière avec Lavarenne, comme avec l'ami sûr d'un Epoux aimé. Cependant le Jeunehomme était devenu éperdûment amoureux de la Jeune-dame, ét il osa même l'avouer. Mad. Saci ne se fâcha pas ; ne se plaignit point à son Mari : Elle se contenta de se surveillée elle-même avec tant d'attention que le peril physique n'exiſtât jamais.

Lavarenne n'était pas maltraité : Il prenait patience, quoique sa paſſion augmentât tous les jours. Enfin il feignit de vouloir se marier,

—Madame (dit-il un-jour à l'Epouse), je croyais vous aimer, parceque vous êtes belle femme, tâillée par les grâces, que vous avez une demarche voluptueuse, des ieux ſuperbes !... Point-du-tout ! Je viens de m'apercevoir, que j'adore tout-cela, ſimplement parceque vous êtes la femme d'un Ami, cher audelà de toute expreſſion. —J'en ſuis ravie ! (lui repondit la Jeune-épouse.) Il ne vous manquait que d'être raisonable de ce côté-la. —Je veux me marier. —Hâ ! vous me donnerez une Amie. —C'eſt ſur Mlle *Aurore-Parisin* que j'ai jeté les ieux. —C'eſt une Demoiselle charmante ! —Je crois que je l'aimerai, pourvu que... —Pourvu que ? —Mon Ami lui faſſe l'amour pour moi.... Dès qu'il l'aimera, qu'il en ſera aimé, je l'adorerai... —Cela eſt ſingulier ! (repondit en riant la naïve ét belle Mad. Saci). —Mais vrai ! (ajouta Lavarenne).

Saci, vieux marié, aimait ſa Femme ; aſſés negligemment, comme tous les Maris tendrement aimés: Il était dans l'apathie ſous l'indiſſolubilité : Lavarenne aurait peutêtre été comme lui, malgré ſon ardent caractere, ſans la paſſion contraint qu'il reſſentait : mais tous les jours en presence d'une grande ét jolie Femme, qui était admirée de tout le monde il éprouvait des accès

terribles ! ... Il aimait cependant son Ami.
C'est pourquoi il arrangea dans sa tête,
un projet, qui s'accordât avec l'amitié.

Lavarenne était connu de Mlle
Aurore singulièrement ! Elle l'avait
vu deux-fois, ét l'avait toujours pris
pour Saci, ét Saci pour lui. Lavarenne le savait. Il en instruisit son
Ami, en lui fesant la même proposition qu'à sa Femme.

Saci accepta tout-d'un-coup. Vivement pressé ensuite par Lavarenne,
il vit un grand service à rendre à son
Ami, en se fesant aimer. Enfin Lavarenne lui avoua, qu'il aimait Mad.
Saci, ét que l'honnêteté l'engajit à
prendre ce moyen. Saci mit du zèle
ét du personnel, dans sa recherche.
Il se presenta chés les Parens d'Aurore, bien rassuré par ses motifs, sous
le nom de Lavarenne.

Il fut accueilli de la manière la

plûs obligeante. Il plut. C'était un parti convenable : Tout, jusqu'à l'association de commerce avec Saci ét la belle Julienne flatait, ét les Parens, ét leur Fille. Ce fut ainsi qu'ils s'en expliquèrent. Mad. Saci vit Aurore; les deux Belles se plurent audelà de toute expression, ét à son retour, Julienne dit au vrai Lavarenne : —Vous ferez le plûs heureux des Hommes, avec cette charmante Persone, Monsieur. —Mais, si je ne pouvais l'aimer ! Si, vous adorant, malgré moi.. je vous restais attaché-?..

—Cela ferait malheureux ! —Pourquoi malheureux!... Suis-je donc si haïssable à vos ieux. —Non : mais vous n'êtes pas mon Mari. —Hà! si vous le vouliez !... Mais attendons encore...

Saci, sous le nom de Lavarenne, voyait tous les jours Aurore... On ne fait peutêtre pas comme était Aurore. Une figure charmante, une táille parfaite, des ieux moins grands que Julienne, mais plûs rians; une jolie bouche, la plûs belle gorge; une éblouiffante blancheur; le bras, la main, la jambe, le pied, le goût dans la mise, tout était parfait; mais le charme divin de fon fourire furpaffait tout. Elle était brune, comme Julienne, ét leurs cheveux étaient du plûs beau noir... Saci fut feduit par tant de charmes. Il trouva plûs d'efprit à Aurore.. (L'Infenfé, qui ne connaiffait pas le prix de la naïve bonté dans une Femme!) Et comme il en avait peu, il fut feduit par cet efprit agreable, indiqué par les ieux *les* plûs fpirituels... Dès qu'il adora Mlle Parisin; le faux Lavarenne dit au Veritable: —Tu peux te marier; car m'en voila fou. —T'aime-t-elle? —Je le crois. —Es-tu un homme, ou un vil esclave des préjugés ? —Je ferai tout ce que tu voudras, s'il y a moyen de me donner Aurore, sans risques pour mon honneur ét le sien. —Oui, ét un moyen sûr ; puisqu'il ne dépend que de nous-quatre. —Je m'abandonne à toi : Fais tout ce que tu voudras. —J'aurai ta Femme ! tu auras la mienne-?..

Au premier membre, Saci avait tressailli : mais le second l'avait-calmé. Il se jeta dans les bras du vrai Lavarenne, en lui disant : —Tu as plus d'esprit que moi ; fais tout ce que tu voudras. —C'est ta Femme, qui m'embarrasse.... Pour Aurore, si elle t'aime ... elle a de l'esprit ét j'en viendrai-à-boût. —Il est vrai que ma Femme est si niaise !..... —Laisse-moi donc faire.

D'après cet entretien, le vrai La-

varenne ala voir Aurore : les preparatifs du mariage avançaient. —Mademoiselle (lui dit-il) je vous épouse
auffi, moi, puifque nous devons demeurer enfemble : ... Vous me con-
venez fort ! mais il faut favoir, fi je
vous conviens-? Aurore fourit, ét l'on
caufa. Le vrai Lavarenne fonda les
difpofitions de la Belle : il f'aperçut que
la bonhommie de Saci, ou du faux
Lavarenne, était une qualité, aux ieux
de fa Pretendue, comme la naïveté
de Julienne, en était une aux fiens.
Il demanda permiffion de rendre une
feconde vifite. Il montra beaucoup
d'efprit ! ét n'en fut pas plûs feduisant
pour Aurore, qui prefera le faux Lavarenne.

A la feconde vifite, trois jours avant
celui marqué pour le mariage, le vrai
Lavarenne fentit qu'il falait parler. Il
fit des confidences fur les affaires. Auro-

re se familiarisa bonnement. Elle goûta fort tous les projets d'amelioration à faire avec sa dot. Quand l'on se fut bien concerté ; qu'on fut bien d'accord ; que le vrai Lavarenne eut bien saisi la trempe d'esprit d'Aurore, il lui dit : —Je vous ai parlé confidemment : tout roûlera sur nous : mon Ami, ét sa Femme font excellens pour l'execution, pour l'économie ; ét nous ferons l'âme de de l'affociation... Mais.... il éft un point... important... decisif, inftant, que je ne puis différer de vous déclarer.... —Quel eft-il ?.. Eft-ce une mauvaise-affaire ?... Mon attachement pour M. Lavarenne eft à toute épreuve. —Hâ ! Mademoiselle ! ce mot me raffure ! —De quoi f'agit il ? —Le voici.

Ce n'eft pas mon Ami que vous épouserez ; ç'eft moi. —Vous ! —Il eft marié ; je fuis amoureux de sa Femme, à-la-fureur ; elle eſt vertueuse, mais naïve : nous ſommes parvenus à lui perſuader , qu'en vertu d'un échange bien ſecret, nous pouvions , ſans crime , elle ſe donner à moi, vous à ſon Mari... Nous en ſommes-là ꞉ Je vous épouſerai : Tout eſt fait en mon nom , puiſque je ſuis Lavarenne ꞉ mais vous paſſerez tout-de-ſuite dans les bras de votre Amant... Cela ſera entre nous. Le ſecret de notre bonheur, en augmentera le charme, ét la force de notre Aſſociation , qui eſt plûs fortunée que je ne vous l'ai dit-.

Aurore demeura interdite : Mais comme elle avait beaucoup d'eſprit , qu'elle était philoſophe ; qu'elle avait lu *Voltaire, Freret , Diderot , Boullanger,* &c. elle tendit enfin la main à Lavarenne : —Toute à la chère Societé! (ſ'écria-t-elle). Mais avant le mariage , je veux parler à-cœurouvert à Mad. Lavarenne ; (car je lui donnerai toujours ce nom , sous pretexte de badinage , comme elle me donnera l'autre) , ét je veux lui parler clairement-?   Le vrai Lavarenne y consentit.

Julienne vînt voir Aurore. Celle-ci lui temoigna la plûs vive amitié. La naïve Julienne y repondit. Aurore lui parla de l'échange. Julienne n'en était pas clairement prevenue ; elle crut que c'était un badinage.   Aurore la capta , la gâgna par fes carefles, fes raisons , l'image de leur bonheur futur ; ét ce qu'un Homme n'aurait pu faire , elle le completa.

Le foir même , elle fit parvenir cette nouvelle au vrai Lavarenne : Saci en fut comblé de joie.   Il fortifia ce qu'il nommait , les bonnes difpofitions de fa Femme.

Le jour arrivé, le mariage fe fit.

Le vrai Lavarenne épousa. Le Père, la Mère d'Aurore, tous le Parens se frottaient les ieux, ét regardaient ébahis. A la signature des actes, le vrai Lavarenne leur dit ce qu'il falait dire, ét Aurore avoua qu'elle était instruite... Pouvait-on presumer la vérité?

La noce fut gaie, charmante. Mais on observa que les deux nouvelles *Sœurs*, (comme elles s'appelaient), ne pouvoient étre un instant separées: Elles causaient toujours ensemble, très-bas... Aurore feduisait Julienne, en faveur de Lavarenne.

Le soir arrivé, après la jarretière, tout le monde se retira.... Couvrons du voîle de la decence, un échange criminel, que la liberté du divorce, mais absolu, motivé par la volonté feule, aurait fans-doute prevenu.....

Les deux Epoux ont eu des Enfans: Ceux d'un Mari font à l'Autre... à moins , que de ſecrets échanges ne leur donnent le vrai nom de leur Père. Dirons-nous, pour la morale, que ces deux unions ſont malheureuses! Ce ſerait mentir ! elles furent aucontraire très-heureuses! Il faut être vrai... Mad. Lavarenne, conſtamment adorée de Celui qui n'eſt pas ſon mari de jour, le cherit également : Julienne touchée du long ét vif attachement de ſon Aſſocié, lui prodigue les marques de ſa tendreſſe, ſans le laſſér : Les deux Maris ſont les meilleurs amis de leurs Femmes, ét les heureux amans de Celles qui ne le ſont pas.

III TRAIT:

*Le Mari qui épouse sa Maîtresse, sous
le nom d'un Frère.*

Un Jeunehomme de Province, s'é-
tait marié en sot, avec une Persone
qu'il croyait aimer. Il vint à Paris,
une année après. Il fut trompé par
sa Femme, ét s'en detacha.

En 1764, passant par la rue *Sainthonoré*, près *Saint-roch*, il aperçut,
dans une boutique de soieries, une
Jeuneperfone, si ravissante par sa beauté, qu'il ne pouvait se lasser de la
considerer.

Dulis revint voir la belle *Rose-
Bougeois*. Il s'enflâma par la vue :
Après une vingtaine de visites en so-
liloque, il écrivit, sans se montrer.
Ce petit commerce non-reciproque,
fut de douze Lettres. Enfin, *Dulis* fut

remarqué : On le prit, ét on le conduisit devant la Famille de la belle Rose, qui avait une Sœur plûs jeune, appelée *Eugenie.*

Rose était couverte de rougeur. Les Garſons ét la Mère interrogeaient Dulis: La Populace de la porte le prenait pour un voleur. Le Maître était encore abſent. Dulis venait d'avouer, ſans hesiter, qu'il était l'auteur des Lettres. Il avoit osé ſ'excuser ſur la beauté de Rose, qui ſe retira. Eugenie reſta, comme une Enfant.

Le Père parut. Il desapprouva l'éclat qu'on avait fait. Il interrogea Dulis. Alors, cette Infortuné ſongeant qu'il était marié, fut effrayé du peril, ét de l'immoralité de ſon action. Il ſe donna le nom de ſon Frère *Charles,* ét repondit en conſéquence. L'honnête Bourgeois lui montra de la raison, de la fermeté, de

M. Bourgeois parla de cette circonf-
l'indulgence ; il fentit le merite de ce
Jeunehomme. Il le renvoya , lorfque
la Foule fut diffipée , mais avec la permiffion de fe presenter, un-jour, f'il
f'en trouvait digne.

Dulis venait de voir Rose de plûs-
près , ét il l'avait trouvée plûs belle.
Une fermentation terrible troubla fa
tête. Son Frère Charles était Clerc-
de Notaire. Une infidelité de la Nièce,
qu'il devait épouser , fit qu'il f'engaja.

Dulis avait une Femme galante :
Il l'effraya : Elle f'enfuit avec fon
Amant. Dulis alors , debarraffé de fa
Femme , ét de fon Frère , donna fon hif-
toire à Celui-ci , avec fon nom , ét prit
l'hiftoire de Charles , avec tout le refte.

Il reparut alors devant M. Bour-
eois : Il raconta fon avanture. Le
Negociant f'informa. On lui dit mille
biens de Charles ; on marqua mille
regrets. On dit , qu'il f'était engajé

tance à Dulis. —Je l'ai feint, Monſieur (repondit le Jeunehomme), pour menager la reputation de la Demoiſelle-.

Ce motif lui fit honneur. On n'ala pas plûs loin. Dulis avait un grand merite, ét un violent amour, qu'il montra également : Il plut au Père, à la Demoiselle, à la Mère, à la Jeune-ſœur ; il ne fut jalousé que des Garſons, qui l'avaient arrêté. On offrit de lui donner la main de la belle Rose. Dulis n'était pas à l'épreuve d'une offre pareille : Il accepta, penetré de reconnaiſſance.... Il écrivit à ſes Parens, ſous le nom de ſon Frère, ét en imitant ſon écriture. On envoya tous les papiers neceſſaires. Son Père était alors malade : Dulis le ſavait, ét que le Vieillard n'aſſiſterait pas au mariage de ſon Fils.

Le mariage ſe fit... Ce ne fut que le lendemain, que l'idée vint à Dulis, que

Charles pouvait écrire. Il falait que la paſſion l'eût bien aveuglé !... Il ſe hâta d'écrire à ſon Frère. On lui repondit, que Charles était mort ... A cette nouvelle, Dulis reſpira : Il ſe hâta d'écrire à ſes Parens, comme en confidence, que ſi Charles avait fait exprés courrir le bruit de ſa mort, à-cause de la Nièce du Notaire. Une Lettre de la veritable écriture de Charles, conſervée par Dulis, confirma cette aſſertion, &t le bonheur du pretendu Charles.

Une anné ſ'écoula : le Père Dulis ſe porta mieux. Il voulut voir ſon heureux Fils : deſeſperé du ſort de l'Aîné, les avantages dont jouiſſait le Cadet le touchaient plûs vivement. Il partit, ſans écrire. Heureuſement qu'une Sœur, qui avait toujours cheri Charles, jugea convenable de le prevenir par un mot. Ce fut ce qui ſauva du malheur le coupable Dulis, &t deux Familles. Il ne montra pas la Lettre de ſa

Sœur , ét aulieu d'attendre fon Père , il partit , fous un pretexte plausible , ét pour des affaire intereffantes.   Il alait en Hollande.

Le Pere arriva.   Il fut reçu comme le Père d'un Mari adoré.   On le rendit le plus heureux des Beaupères. Tel fut l'effet d'un petit billet de dix lignes, venu fecrettement de 50 lieues.   Le Bonhomme anchanté de la beauté de fa Bru , de fa fortune , du merite ét de la confideration dont jouiffait le Père , paffa quinze jours dans l'ivreffe , ét repartit, après avoir reçu deux Lettres , de la main du veritable Charles...

Il faut expliquer ceci...

Dulis , en alant en Hollande , trouva fon Frère Charles convalefcent, après une maladie de dixhuit mois , avec perte de la memoire , pendant deux ans.   Son étonnement avait égalé fa frayeur.   Mais heureusement que fon Frère était retabli, ét que les bons foins de Dulis completèrent fa guerison. Leur amitié fe fortifia. Dulis avoua tout à fon Cadet: Celui-ci écrivit les deux Lettres fous fa dictée. Ils convinrent enfuite, que Charles viendrait à Paris ; qu'il prendrait le nom d'un Camarade, tué dans un combat nocturne, mais fans reclamer fa fortune, dont il laifferait feulement le droit obfcur à fes Enfans. On conftata, comme on voulut, que Charles-Dulis étoit *Alexandre-Diranci.* Le mari de Rose fe proposa de faire épouser Eugenie à fon Frère, ét d'operer un moyen de-plûs de tromper leurs Parens.

En arrivant à Paris, Dulis presenta Charles fous le nom de Diranci, ét le logea dans la maison de fon Ami plûs intime. Eugenie était charmante, ét mariable : fans infpirer une forte paffion, elle plut à Diranci, dont l'âme n'était pas bien remise de fon premier amour.

Mais il croyait la Nièce du Notaire mariée , avec Celui qui l'avait rendue materiellement infidelle. Il tâchait de l'oublier.

Aubout d'un mois de fejour à Paris, ét lorfque le veritable Charles , fut remis de fes fatigues, il paru beau-garfon : Il avait du merite ; Eugenie l'aima ; M. Bourgeois le goûta , ét il fut charmé de donner fa feconde Fille à l'Ami de fon Gendre. Le mariage fut arrété.

Quelques-jours après , Charles étant alé feul aux *Italiens*, avec un billet d'Auteur , trouva dans l'amphiteatre la Nièce du Notaire. Elle était avec fon Oncle ét fa Tante. Commè Charles n'avait dit le motif de fon engajement qu'à la Jeuneperfone , l'Oncle ét la Tante ignoraient les motifs de fa conduite. *Isabelle-Dauteuil* rougit, en voyant fon Amant. Charles était derrière elle , ét n'avait pas encore été remarqué du Notaire. —Tâchons de nous parler (lui dit la Nièce), avant de nous feparer : J'ai des choses importantes à vous dire-... Charles repondit par un figne-de-tête. Mais il était prodigieusement ému.

Isabelle profita de tous les momens qu'elle put derober à l'attention de fes Parens, pour écrire au crayon fur des cartes : Elle les paffait-à Charles, qui les ferrait. Il les ala pourtant lire, pendant le ballet-.

» Je fuis innocente : Ce n'eft pas moi » que vous avez vue, avec M. H* * l'a- » vocat ; c'eft une Amie , que je vous » nommerai , qui vous le confirmera , » ét qui fut mariée avec H * *, fix mois « après, quand la groffeffe parut. Je n'ai » pu rien-dire aux Autres : C'eft à vous » feul que je puis decouvrir la verité... » Je vous aime toujours autant... Vous « pouvez regâgner l'amitié de mon On- » cle , ét avoir l'étude. Dites-moi un

» mot, en fortant, ou prefentez-vous
» chés mon Oncle ét ma Tante, fi vous
» avez des raifons à leur do-ner ».

La lecture de ces cartes fit une pro-
digieuse impreffion fur Charles ! Il ne
voulut cependant rien faire, fans en prevenir fon Frère, à-cause du danger.
Il preffa la main d'Isabelle, qui lui prêta fon crayon, ét comme elle ne connaiffait pas fon Frère, il lui donna un
rendezvous dans la maison Bourgeois.
C'était un imprudence. Isabelle accepta.

Au retour, Charles, ou le faux Diranci, conta fon avanture à fon Frère.
Dulis fut desolé que Charles eût été
reconnu, furtout, que l'ancienne Maîtreffe fe fût juftifiée, ét qu'elle fût où trouver fon Amant.   Il aurait voulu pouvoir
éloigner cette Jeuneperfonne.   Mais
Charles l'avait revue, ét l'amour parlait.
Dulis ne favait à quoi fe decider.

Charles fentit fon embarras, ét il pre-
vint

vint la visite d'Isabelle. Les explications furent claires : l'Oncle offrit son étude pour dot. Il la tenait du Père d'Isabelle, ét n'avait pas d'Enfans. Dulis fut obligé de faire une demi-confidence à la Famille de son Epouse. Eugenie fut consolée, par la beauté des motifs de M. Diranci...

—Que vas-tu faire ? (dit alors Dulis à Charles). Comment épouser ta Maîtresse, fans me perdre, ét deshonorer notre Famille-?... Charles foudroyé, ne fut que repondre : mais comme il avait l'âme belle ét genereuse, il vint chés M. Bourgeois, ét proposa d'épouser Eugenie, en huit jours.

Le mariage fe fit, fous le nom Diranci, Charles ne revit plus la Nièce qu'il adorait. Isabelle l'informa. Elle apprit qu'un M. Diranci avait épousé Eugenie.

Pendant ce temps-là, Charles était alé chés fes Parens, avec fa Femme.

III Partie. J

Son Père avait perdu la vue : Il ne put voir la différence , ét les anachronifmes furent couverts par la complaisance d'Eugenie , qui ne pouvait foupçonner la verité.

Eugenie avait toujours aimé Dulis : elle n'avait preferé Diranci à tous les Partis , que par attachement pour fon Beaufrère. Mais Celui-ci adorait la belle Rose , dont il avait deux Enfans, garfon ét fille. Pendant le voyage de fa Sœur , Rose tomba malade , ét mourut. Dulis fut au-desefpoir !... Rien ne l'attachait plus à la maison où il était. L'interêt même de fes Enfans , demandait qu'il rendît fa reconnaiffance impoffible à fa première Femme. Il difparut , ét fit enterrer fous fon nom un Malade de l'Hôtel-dieu , frappé-à-mort, ét qui ne put dire fon nom.

Ce coup fait, il f'éloigna , fans attendre le retour de fon Frère. Char-

les , qui s'était fait appeler M. Diranci ,
dans son pays-même , comme d'un nom
de terre , en avait imposé facilement à
la Jeune-Eugenie : Elle ne voyait pas ce
qui était visible.   De-retour à Paris , il
garda le silence, Il ignorait cependant le
sort de son Frère, qu'il croyait mort.
Mais Dulis le guettait.

Un-soir , après avoir suivi Charles ,
Dulis l'aborda , dans un endroit soli-
taire , ét lui revela ses nouveaux se-
crets.   Mad. Dulis première venait de
faire courir le bruit de sa mort, pour
épouser un Anglois , nommée *Johnson-
Cahuac*. Dulis crut à ce trepas , qui
l'arrangeait. Il avait vu Isabelle : C'était,
après Rose, la plûs jolie des Femmes ;
c'était un parti avantageux : Il ne l'aimait pas de passion ; il aurait preferé
Eugenie , mais il était inpossible d'épouser Celle-ci , sa bellesœur , ét mariée.
Il savait qu'il en était aimé.   Un crime

en facilite un autre, en familiarisant avec les idées du desordre : Dulis rêvait à mille choses étranges, lorsque M. ét Mad. Bourgeois payèrent en huit jours le tribut à la nature.

Ce decès favorisait les desseins malconçus de Dulis. Il s'ouvrit à son Frère, qui aimait encore Isabelle : Il fut decidé, que Dulis se presenterait pour la demander ; qu'il ferait valoir sa fraternité avec Charles, &c.

Tout-cela s'executa. Dulis encore aimable, plein de capacité, plut au Notaire, qui precipita le mariage.

Le soir des noces, Dulis seul avec Isabelle, lui dit. —Ma chère Femme : êtes-vous capable de recevoir ét de garder les plûs étranges confidences-? Isabelle l'assura, qu'elle ne fesait plus qu'un cœur avec lui. —Vous n'aimez donc plus Charles-? Isabelle soupira. —Je ne vous ai pas touchée... Charles est là ; il vous adore ; il nous voit. Je fuis fon frè-re, fon amis... Voulez-vous être à lui, fous le voile du miftère ?... Il f'eft marié malgré lui, par neceffité, pour me fau-ver la vie ét l'honneur : Je vous ai re-cherchée , épousée , pour lui rendre bienfait pour bienfait , en vous remet-tant dans fes bras... Confentez-y ? Ja-mais je n'uferai de mes droits , que je lui cède... Bien-plus il ; eft mari d'une Femme que j'aime , ét dont je fuis aimé... Cedez à l'attrait de l'amour.... Votre Amant n'eft point inconftant; il ne fut pas même infidèle : Il n'a pas encore fait fa femme de fon Epouse-. (ceci était vrai , par des circonftances perfonnelles à Eugenie, point aflès for-mée , quoiqu'elle dût l'être).

Isabelle fut étourdie par ce difcours ! —Eft-ce un piége-. (f'écria-t-elle) ! —Non ! non-! (lui repondit Charles, en fe precipitant dans l'appartement). On s'expliqua. On fit à Isabelle, en presence d'Eugenie, toutes les confidences, sans exception, dès qu'elle eut consenti à être la femme effective de Charles. Eugenie s'était laissé gâgner plûs facilement encore, à-cause de sa passion insurmontable pour Dulis. Les quatre Epoux alèrent chacun chercher le bonheur.

Le lendemain, on acheva les explications. Et ce fut alors, qu'Isabelle, sur ce qu'on lui dit, apprit à Dulis que sa Femme, sous le nom d'Henriette Kircher, avait épousé Johnson-Cahuac : Elle la reconnut, aux demeures ét aux aventures. On s'assura de la verité: les precautions les plûs exactes furent prises ensuite, pour ne pas être decouverts.

Les quatre Epoux sont heureux, autant qu'on peut l'être, dans les craintes que le desordre nourrit dans l'ame. Dulis cherit Eugenie ; il retrouve en elle l'Amie ét la Sœur de Rose, Rose elle-même. Charles poffède l'unique Objet de fon amour. La fingularité de la position fouffle ces deux paffions, ét ne permet pas qu'elles éprouvent le moindre affaibliffement.

Ces jours-ci, un troisième Menage f'eft joint aux deux autres : c'eft celui de Mylady Johnfon. Isabelle, après avoir fondé cette Femme, a operé la réünion. Sir Johnfon n'eft cependant pas du fecret. La fecurité règne dans cette Société, que le divorce permis aurait pu rendre innocente ét heureuse.

¶ Cette Hiftoriette eft à-peine vraifemblable......... O Paris! inextricable Caos!....

IV TRAIT:

Le Mari qui épouse deux autres Femmes.

Un Homme, marié en Province, ét dont la Femme avait merité de perdre l'eftime, vivait à Paris, dans la langueur de la mort-de-l'âme, alant aux Spectacles, composant quelques Romans, ét voyant quelquefois des Filles-publiques. Mais cette trompeuse volupté l'attriftait encore davantage : Il aimait les Femmes, ét il lui femblait qu'une Proftituée était un Etre plus éloigné des Femmes, que les Hommes.

Il était dans ces difpositions, quand un-foir fe promenant à la Nouvelle-hâlle, il aperçut une Jeuneperfone charmante, qui fuyait deux Etourdis. *Noyèrs* vola au fecours de la Belle, qui fe jeta prefque dans fes bras,

comme une Perdrix que pourfuit l'Au-
tour, fe jète dans le fein du Chaffeur.
Il conduifit *Louise* chés elle.

La Jeuneperfone occupait-feule un
petit appartement au coin de la rue
Babille ét de celle des Deux-écus. Elle
avait une Cuisinière, ét une Voisine
mariée, dont l'Epoux, était un gros
pedant! La Cuisinière fut très-émue
de l'accident de fa Jeunemaîtreffe; la
Voisine la plaignit, ét remercia Noyèrs;
le gros Voisin declama fur la perverfité
du fiècle, ét termina par confeiller à
Louise de ne jamais fortir. La Dame,
elle, propofa de la marier. Louise, qui
connaiffait le Pretendu, repondit vivement, qu'elle ne voulait pas fe marier.
Noyèrs refta peu, depeur d'être indifcret.
Il entendit, en fortant, qu'on fefait beaucoup de queftions fur fon compte. Louise
dit, que c'était un Inconnu. — Il ne vaut
pas mieux que les Autres! f'écria le gros
Voisin); ét je fuis fûr qu'il vous desire.

—Quel mal, quand il me desirerait un peu! (repondit naïvement Louise): Nous employons une partie de la matinée à nous rendre desirables; nous depensons pour cela : n'est-il pas ridicule de se fâcher ensuite, quand ces pauvres Hommes nous temoignent que nous avons reüssi ? —Hâ! Ma'm'selle Louise! (s'écria le gros Voisin) ce que vous dites-là-. Et comme il ne finissait pas, sa Femme ajouta. —N'est pas bien! C'est coquet! très - coquet ! plûsque-coquet-! Pour Noyèrs, il trouva que Louise avait de l'esprit ét un bon cœur. Il resolut de la revoir.

Quelqu'un montait : Il fut obligé de quitter son poste. C'était le soir ; il ne fut pas vu.

—Ha! c'est *Terèse-!* (s'écria Louise). Et elle lui raconta son aventure. Noyèrs, qui était remonté sur les pas de Terèse, écoutait encore. — On se marie quelquefois par ces rencontres-là ! (dit-elle) : Si cet Homme t'a bien remarquée , il reviendra : car on ne t'oublie pas facilement. —Il faut favoir fi c'eft un parti convenable (dit le gros Voisin). —Sans doute ! (ajouta la Voisine). —Il ne reviendra pas ! (dit Louise) ; on ne l'a pas feulement remercié ! —C'eft mal ! (dit Terèse). —C'eft bien ! (f'écria la Voisine) : Un Inconnu ! —Mais qui l'a fervie, garantie ! (reprit Terèse) : Pour moi, je l'aurais embraffé dix-fois, pour avoir garanti mon Amie-... Et elle baisa Louise.

Louise ét Terèse fortirent alors de chés le gros Voisin, ét Noyèrs fut obligé de fe retirer, à-cause de la lumière qui les precedait. D'autres Perfones qui rentraient éclairées, le forcèrent à fortir de la maison, dont on ferma la porte-d'entrée.

Ce que Noyèrs venait de voir ét d'entendre, lui donnait fort à penfer !

Deux Perſones charmantes, qui paraiſſaient honnêtes ét libres! Quelle avanture! Il en preſſentait tout le prix... Auſſi, dès le lendemain-matin, il vint chés Louiſe, ſous - pretexte de ſ'informer de ſa ſanté, après ſa frayeur. Il la trouva ſeule : Terèſe, qui avait partagé ſon lit, était ſortie avec la Cuiſinière. Louis le fit paſſer dans la pièce du fond, ét lui dit : —Je ſuis charmée de vous revoir, ét je veux que ma Bonne amie vous retrouve ici. Ce n'eſt pas cette Dame d'hier : C'eſt une honnête-perſone ; mais nos âges ne permettent pas une amitié reciproque : Je la reſpecte beaucoup ; mais j'aime Terèſe, ét j'en ſuis aimée.... Je ſuis orfeline ; elle auſſi. J'ai mon Frère pour tuteur. Il eſt abſent, ét demeure à l'étage audeſſous ; c'eſt un Chirurgien connu. Terèſe a ſon Oncle, abſent auſſi, avec mon Frère, pour une affaire commune : Ils nous ont rendues amies, ét nous fommes fous la garde l'une de l'autre. Voila notre fituation.

Noyèrs comprit que Louise lui demandait la fienne. Il était fous le charme : L'Objet provoquant qu'il avait fous les ieux, étalait les fleurs de la jeuneſſe, la perfection de la beauté, le goût dans la parure, ét cette propreté vierge, le charme le plûs puiſſant des Jeuneſfilles. Il mentit. Il fe donna pour un de fes Amis, du même nom, qui était en ce moment aux portes du tombeau. Louise, en apprenant qu'il était libre, rayonna de joie: Il femblait qu'elle était fure de fa Conquéte, méme avant la declaration.

Terèfe arriva. Elle venait de faire un tour chés elle, ét les emplettes de la cuisine: Elle était fuivie de deux Femmes, la Cuifinière de Louise ét la fienne. —Le voila (dit

Louise vivement)... Voila Monſieur.
—Hâ! c'eſt vous, qui avez débarraſſé
mon Amie! (ſ'ecria la jolie Teièse,
en regardant Noyèrs avec une avide
curiosité) ; je ſuis charmée que ce ſoit
vous! —Comment donc cela ! (demanda
Louise). —C'eſt que... Monſieur a
l'air... d'une honnêteté... J'ai promis
hier-ſoir de vous embraſſer-... Noyèrs
ſe leva, ét ala audevant du baiser de
Terèse, qui lui presenta dix-fois la
joue. Elle voulut enſuite que Louise
donnât, ou reçut un baiser.... Louise
le donna ét le reçut; ét ce fut le dernier
trait de l'amour.

On dejeûna. Le café à - la - crême
fut fait par Terèse, ét ſervi par Louise.
Noyèrs, pendant ce delicieux dejeûner,
dit ce qu'était ſon Ami mourant, à la
place duquel il ſe mettait. Cet éclair-
ciſſement parut enchanter les deux
Amies ; car Terèse aimait Louise ,

comme un Amant aime fa Maîtreffe, une Mère fa Fille, une Fille fa Mère, une Sœur la Sœur la plûs cherie : Elle avait pour elle tous les fentimens qui font aimer.

Après ces details, Noyèrs dit un mot d'admiration aux deux Amies, ét demanda la permiffion de revenir. —Reftez ! (dit Terèse), ou revenez dîner ; à votre choix? —Je vais vous laiffer libres, terminer quelques affaires ; puis, je reviendrai fûrement ! (dit Noyèrs) : Car je fens ... que je ne pourrai plus vous quitter. Je n'ai jamais vu de Perfones comme vous ! vous venez de m'enchaîner avec des fleurs, plus folides que des chaînes d'or ou de fer–. Terèse embraffa Louise, ét dit à Noyèrs : —A lez ;... ét revenez–.

Noyèrs était preffé de quitter les deux Belles, pour courir auprès de fon Ami malade.

Il le trouva expirant. Noyèrs ne vit que l'occasion d'être heureux. Il donna ses noms-de-batême, pour ceux de son Parent, ét ce fut lui qui passa pour le Mort. Il fit mettre les scellés sur ses propres effets, qu'il substitua, ét que ses pretendus Heritiers emportèrent, tandis qu'il avait, lui, ceux du Defunt. Il fit plus: Il reçut ses revenus, sur des quittances, qu'il fit calquer par un Polytype. Tout est possible aujourdhui. Persone n'avait le moindre soupçon. La Femme de Noyèrs vivant se remaria avec son Adultère; le Mort était garson: On envoya ses Papiers à Celui qui le remplaçait, &c.... Revenons à Louise ét Terèse.

Noyèrs ne put retourner dîner, à-cause de la mort de son Ami, ét des operations qu'elle necessitait. Mais il parut le soir. Il aperçut les deux Amies, avant d'entrer, la porte de Louise étant ouverte, ét celle du gros Voisin fermée. Terèse était plûs triste que Louise. —Il ne reviendra plus !... (disait-elle). —Je l'aimais deja ! (repondait Louise): C'est le seul Homme qui m'ait plu.

Terese. Il sait peutêtre que nous sommes entretenues ?.. Tes Voisins font jalous de toi ... comme des Amans, ils auront parlé...

Louise. Mais... s'il savait... que jamais... nous n'avons rien accordé... qu'on n'a même exigé de nous aucune complaisance avilissante ?... Ton Oncle pretendu... est le meilleur des Hommes ! Il a tous les sentimens que ce nom indique.

Terèse. Et ton Frère ! Quelle delicatesse ! Il voit en toi une Orfeline à conserver... Ce qui montre la droiture de leurs sentimens, c'est que, sans avoir jamais rien exigé de nous, ils temoignent la plûs grande envie de nous marier.

Louise. Oui : mon Frère (qui merite ce nom), m'a infpiré le goût du mariage , de tout fon pouvoir... Hâ ! que ce M. Noyèrs m'aurait convenu !

Terèse. Et à moi... Je ferais heureuse de ton bonheur, ma chère Louise !... Il aurait été mon ami , comme tu es mon amie-...

A ces mots, Noyèrs , fuffisament inftruit , fe presenta. Un cri-de-joie fut fa reception. Il expliqua les causes de fon retard, ét les fit trouver excellentes. On mit le couvert. Les deux Amies n'avaient prefque pas dîné : On eut le meilleur appetit. Noyèrs , qui venait de prendre fon parti , montra toute la gaîté d'un Amant heureux ; il fut charmant ! Les deux Amies en devinrent également admiratrices , également éprises , l'Une d'amour , l'Autre d'amitié.

On causa Terèse dit : —Moi-j'aime la lecture. —Moi la converfation (interrompit Louise) ; Monfieur eft un livre vivant.

Terèse. Jaime auffi la converfation : mais on n'a pas toujours fon Amie (*elle l'embraffa*), ou un aimable Homme pour amuser. Jai lu hier un Livre, qui m'a fait beaucoup de plaisir ! —Qu'était-ce ? (demanda Noyèrs).

Terèse. Le *Nouvel-Epimenide*, ou *la Sage-Journée* , avec quatre autres Pièces , le *Père-valet* , l'*Epouse-Comedienne* , ét l'*An-2000*... Noyèrs fe mordit les lèvres, ét ne dit mot : les quatre pièces étaient de lui. Un M. Flins , qui a composé le *Reveil-d'Epimenide*, lui avait volé fon fujet ; car il avait composé deux *Epimenides*, le *premier* qui paraiffait depuis 18 mois, ét le *Nouvel-Epimenide, ou la Sage-Journée*, depuis quelques jours. Terèse analisa les pièces , tandif-que Louise abandonnait une main à Noyèrs : le dîner manqué l'avait rendue beaucoup plûs tendre.

Les deux Amies avaient , tant de leur

patrimoine, que des presens de leurs Futurs, environ 2400 livres de revenu. Le fonds était en terres, aux environs de Paris : Deforte qu'en habitant une des maisons, ét fesant valoir, on pouvait doubler ce revenu. On en parla.

A onze-heures, Terèse voulut f'en retourner, ét Noyèrs la reconduisit. Il était enchanté. Jamais, il n'y eut d'être plûs charmant, que Terèse ; jolie grande, fuelte, de beaux cheveux cendrés ; un air delicieux ; un rire feduifant. Et neanmoins cette Joliefille n'infpirait pas de desirs ; on n'éprouvait auprès d'elle, que le doux fentiment de l'amitié. C'eft qu'il aurait falu lavoir feule, pour l'aimer d'amour. Louise plûs petite, mignone ét mignarde, jolie comme un joli paftel, ayant plûs de gorge, un tour plûs voluptueux, f'emparait de toute la faculté amoureuse, quand on voyait enfemble les deux

Amies. Voila quelle eſt la clef de tout ce qu'on va lire.

L'attachement que Terèse inſpira par la bonté de ſon cœur, ét la beauté de ſes ſentimens pour ſon Amie, dans le tête-à-tête de la *Nouvelle-halle*, *aux Petits-Carreaux*, éprit autant Noyèrs des charmes de Louise, que Louise elle-même. Il revint le lendemain, bien decidé à remplir ſon ſort.

Il trouva Louise raviſſante : Elle l'attendait. Il ſe mirent enſemble à un petit balcon, tandiſ-qu'on preparait à dejeuner. Louise dit à ſon Amant, Qu'elle ne ſ'informerait pas de lui ; que n'eût-il rien, elle le preferait à tous les Partis : Que Terèse venait de l'envoyer avertir, qu'on alât paſſer la journée chés elle, dès qu'il ſerait arrivé ; qu'elle voulait unir les deux revenus, tout mettre en commun, ét n'avoir d'autre Mari que celui de ſon Amie ; que c'était un projet arrêté... L'on partit pour aler chés Terèse , fuivis des deux Servantes, ét l'on ferma la porte de Louise.

Arrivés *aux Petit-Careaux*, on trouva Terèse dans l'ivreffe de la joie. Elle courut audevant de fes Amis ; elle embraffa Louise , Noyèrs lui-même, ét dit à la Première : —Je ne fais ? mais il me femble , que cet Homme n'eft pas un Homme ordinaire !... Je n'ai jamais été attachée à Perfone , comme à lui... Je ne parle pas de toi, ma Fille ; je fuis une-autre toi-même—.... On dejeûna. Noyèrs entre ces deux Femmes, éprouva une fituation nouvelle, unique peut-être ; il fut heureux par l'amour ét l'amitié, avec deux Êtres du fexe-des-grâces... Il avait le cœur fi rempli , qu'il ne put foutenir l'excès de fon bonheur. Il pretexta une affaire pour fortir.

Il paffa devant la porte de Louise. En levant les ieux fur fa fenêtre , il y vit le

Voisin ét la Voisine, avec un Inconnu. Surpris, il diffimula, ét parut ne rien voir. Mais comme il n'était pas reconnu, il fe couvrit d'un avance-de-boutique, ét aubout d'un moment, ayant avancé la tête, ét ne voyant plus Perfone, il monta legèrement. La porte de Louise était ouverte. Trois Perfones fe promenaient dans l'appartement.

Le Voisin. Elle en eft folle... Un Inconnu !

La Voisine. Un Chevalier-d'induftrie !

L'Inconnu. Si elle l'aime, je le lui donnerai : Je ne veux que fon bonheur.

Le Voisin. Hâ ! Monfieur Alan ! prenez-garde !... Il vendra fon bien, ét f'en - ira... Je l'ai fuivi... c'eft un Poète... ét il n'y a rien de pis que les Poètes.

M. Alan. Qu'a-t-il fait ?

Le Voisin. Je n'en fais rien: mais je lui foutiendrai cela.

M. Alan. Tout ce que vous me dites, ne prouve rien... Ils font chés Terèse: J'y vais: Je fais un cabinet, ignoré, le même d'où mon Oncle épie Terèse: Je vais m'y placer. J'en apprendrai plûs , par ce moyen, que de toute autre manière.

Le Voisin. Si vous le vouliez... nous irions avec vous!

M. Alan. Cela ne fe peut pas! En toute rigueur, je puis vouloir penetrer les fecrets de ma Sœur; mais je ne puis les decouvrir à d'Autres—.

On ferma les portes, dont M. Alan avait double clef, ét Noyèrs courut avertir les deux Amies.

Il les étonna dabord, en disant, qu'il avait vu du monde chés Louise. Elles fourirent enfuite, en f'écriant : —Il eft arrivé-! Mais leur attention redou-
bal,

bla, quand Noyèrs ajouta, qu'il n'avait pu s'empêcher de vouloir connaître cet Homme, ét qu'il repeta mot-pour-mot tout ce qu'il venait d'entendre. (Il faut dire ici, que les escaliers de nouvelle construction sont très-sonores; que ceux de la Nouvelle-hâlle, fort étroits, servent quasi de portevoix). Les deux Amies nommèrent le Frère ét l'Oncle, que Noyèrs connaissait de nom; elles firent tenir une Fille à la fenêtre, ét en attendant, elle avisèrent sur ce qu'il y avait à faire. —De deux choses l'une, Mesdemoiselles; ou je m'absenterai, en sortant dès que m. Alan sera placé; ou nous parlerons, comme s'il était au-milieu de nous. —Si cela vous est égal (dit Terèse), je prefère le dernier. —Le voici! (dit la Fille placée à la fenêtre... ét votre Oncle avec lui. —Avez-vous quelquechose à redouter ? (reprit Terèse):

III Partie. K

nous fesons cause commune avec vous, quî que vous foyiez ?

—Je fuis de Province (repondit Noyèrs) : Devenu amoureux de Louise, ét ami de Terèse, au-point de preferer la mort à m'en feparer, j'ai fait hier inhumer un Ami fous mon nom ; je veux épouser Louise fous le fien, parceque je fuis marié en Province à une mechante Femme, qui croira ma mort.

Terèse.   Hâ-ciel !... Mais votre action prouve votre amour... ét votre franchife encore plûs... Reftez... Ils entrent.

Noyèrs.   Je fuis l'auteur des quatre Pièces dont vous parliez hièr.

Terèse.   Tu es notre ami, notre mari, notre tout à-jamais!

Louise.   Hâ ! Terèse! je penfe tout ce que tu dis.

Terèse (bas).   On nous écoute!... (*haut*). Je vous affure, Monfieur Noyèrs,

que tout ce que vous nous avez dit,
me pénètre d'estime pour vous... Re-
petez un-peu à mon Amie, ce qui regarde votre Famille ? (*bas*). Votre
Ami decedé ?

Noyèrs.   Mon Père ét ma Mère ne
font plus... J'ai quitté mon Pays à onze
ans, ét je n'y fuis jamais retourné. Je
n'ai jamais écrit. On m'apportait ici
mes revenus, qui confiftaient en mille
écus de rente, fur des bien-fonds.
(Voyez? j'ai des quittances en blanc pour
cent ans). Mon indolence naturelle
pour les affaires, n'eft pas pour le travail: j'y fuis infatigable : Quant à l'a-
mour, vous me le faites connaître, belle
Louise ; ét votre charmante Compagne
m'infpire la plûs tendre amitie... Hâ !
que je voudrais voir vos Tuteurs !... Ce
font Mefieurs *Lefclabaffe* ét *Alan !..*
Ils font connus ! M. Lefclabaffe, riche
Horloger, eft aimé de tout le monde... .

Et quant à M. Alan, qui paffe pour votre frère, par decence, un Tuteur fi jeune n'étant pas dans l'ordre, je fais que c'eft un Garfon vertueux ; mais épris dès l'enfance d'une Belle-perfone, mariée pendant un voyage qu'il fit... Il l'adore, fans efpoir, comme fans pretention :... Il en a pour la vie... Hâ ! qu'il eft intereffant ! Voila comme je ferais pour vous, belle Louise... pour vous auffi, féduisante Terèse, fi l'on pouvait avoir un double amour.

Terèse. Je ne favais pas cela !

Louise. Ni moi non-plûs !

Noyèrs. Je l'ai fu par-hasard.... Quand j'aurai le bonheur de les voir, je leur dirai ... quelque-chose... Par-exemple, M. votre Oncle, qui eft pro-teftant... aime une Exreligieuse, dont la Revolution a caffé les vœux... Ce qu'il y a de fingulier ! c'eft qu'il f'eft retrou-vé, aubout de trente ans, auffi amoureux, qu'il l'était, lorsque sa Maîtresse n'en avait que seize, âge auquel on lui fit prononcer ses vœux... Elle est encore belle... C'est un air de langueur...

Lesclabasse. Où diable va-t-il chercher cela !... Il nous prend pour d'Autres !

Alan. Cela est arrivé à Quelqu'un... A-la-verité, j'aime une Femme-mariée...

Lesclabasse. J'ai aussi aimé une Religieuse... Mais...

Noyèrs (*qui a baisé la main de Louise*). Je vais vous raconter une singulière, très-singulière avanture, reellement arrivée à Paris, ét qui demontre bien la necessité de porter la loi du Divorce, à laquelle tous les Faquins s'opposent.

» Il y avait, à Paris, près la rue *de-la-Ferronnerie*, une jeune ét jolie Persone, dont était amoureux un grand

Ecolier , parconfequent encore fans état. Elle était jeune, ét ne paraiffait pas quatorze ans: mais elle en avait feize. L'Ecolier trompé, efperait : Par amour pour la charmante *Rose-Houdon*, il hâta fes fuccès, ét finit glorieufement fes études.

Le jour même qu'il abandonnait fon Collége, il apprit que Mlle Houdon était demandée en mariage par un Horloger, ét qu'elle était accordée. Il voulut faire agir fes Parens; mais on fe moqua de lui.

Margane (c'eft fon nom) fut au-desefpoir ! Il refolut de perir, ou d'empêcher le mariage. Pour remplir ce projet, il ne vit pas de moyen plûs efficacé, que d'enlever Mlle Houdon, ét comme il ne pouvait la garder, de lui faire violence. Il la guetta, la furprit un-foir, qu'elle n'avait que la rue à traverfer, l'enleva vigoureufement, la jeta dans un fiacre, dont il avait gâgné le Cocher, ét couvert de boue le n.º. Ce fut-là, que Margane menaça du poignard une Fille timide, effrayée, fi elle refiftait, ou fi elle criait. Helas! il était fans armes!... Mlle Houdon l'avait entrevu. C'était un grand Jeunehomme aimable, bien-mis... La frayeur, ét cette idée, la rendirent muette...

Margane fe rendit plusieurs-fois coupable, pendant la tournée preferite au Fiacre... Enfin, à neuf heures, on fe retrouva rue *des-Dechargeurs*, dans un endroit folitaire, vis-à-vis celle de-*la-Limace*, ou *des Mauvaises-paroles*; là le Jeunehomme, après avoir offert à la Demoiselle de l'époufer, fi elle voulait attendre, la defcendit, prefque vis-à-vis chés elle, remonta dans le Fiacre, qui fe mit à fuir, comme un carroffe-bourgeois.

Mlle Houdon était très - fatiguée!

Elle fe plaignit d'avoir été infultée ;
mais elle n'eut jamais la force de dire
la verité.   Elle fut mariée fix femaines
après, à un Horloger, de la rue *Saint-
Honoré.*

Margane ne fut le mariage que le
jour-même.   Quoiqu'il eût par-devers
lui de quoi f'en confoler, il n'en fut
pas moins au-desefpoir.   Il chercha
l'occasion de quereller le Mari, ét de
fe battre avec lui.   Elle ne fe prefenta
pas.   La Jeune-dame devint groffe :
Elle accoucha au terme complet des
neuf mois, après l'avanture du fiacre :
Margane fe confidera comme fûr d'être
père : Aulieu de fe calmer par-là, il
en devint plûs furieux contre l'Horloger, qu'il regarda comme le Detenteur
de fon Epoufe ét de fon Enfant.

Il le rencontra enfin, dans la rue
de la-Limace : Ils étaient feul : Margane propofa de fe battre.   L'Horlo-

ger, qui ne le connaissait pas, refusa. Margane l'y força, ét le pauvre Horloger fut tué.

Dans ce même temps, les Parens de Margane moururent : Il se ttouva maître de lui-même ét d'une fortune honnête, pour un Bourgeois. Il courut aussitôt se mettre à-portée de la belle Horlogère. Elle était dans la douleur : Son Mari avait dissipé : Les Parens avaient essuyé des pertes : Elle était très-gênée ! Margane, qu'elle ne reconnut pas, lui offrit, en qualité de voisin, des services, des soins, ét même de l'argent : Elle accepta les premiers ; Margane y joignit les seconds. Son amour était... au plùs haut point... Dès que Rose fut un-peu consolée, elle redevint charmante. Elle avait une Fille. Margane était fort curieux de la voir ! ét il eut tout-lieu d'etre content ; c'était son portrait, embelli des traits de Rose. K vj

Vous ... vu cette jolie Horlogère : Elle ... à la figure la plûs intereffante, une bouche faiante, qui femble appeler le baiser. Je n'ai connu de figure plûs voluptueuse, que celle de Mlle Louise. Margane f'en eft fait aimer, ét il vient de l'épouser.

Un-foir, qu'ils étaient dans les bras l'un del'autre, Rose regardant fa Fille, âgée de deux ans, dit à Margane : Ma Fille eft jolie ; je l'aime tendrement... Mais il lui manque une chose ... —Et quoi ? ma Belle ? —Mon Mari pour père. —Elle eft fille d'un Amant! —Non ! non !... j'ai été... violentée... par... un Jeune-furieux... qui.... —Le reconnaîtrais-tu bien, ma Belle ? —Non ! Il m'effraya.... L'obfcurité.... Je ne fis que l'entrevoir... —Il ne manque rien à notre Fille, mon Amie... Je t'ai adorée, dès la première vue ; j'ai voulu prevenir ton mariage : Mes Parens f'y refuserent... Au-desespoir, je te fis violence, pour le rompre... Aimais tu donc ton premier-Mari ? —Non ; je n'aimais ... que le... terrible Jeunehomme... Toi-seul l'avais chaffé de mon cœur... —Hâ ! je ne croyais pas que mon bonheur pût augmenter !... —Mon Ami, je fuis fûre d'avoir éprouvé les premièrs fimptômes de la groffeffe, le jour même de mon mariage —J'ai une autre preuve : notre Fille me reffemble autant qu'à fa Mère--

Après cette decouverte, les deux Amans furent plûs tendres que jamais Margane voulut épouser. Rose f'y refufa, quoiqu'elle ne refufât rien : Elle craignait de fatiguer le cœur de fon Amant, fous le poids d'une chaîne indiffoluble. Elle resifte aux inftances de fes Parens, que fon Amant a follicités... Elle refufe, ét ne veut fe marier (dit-elle) que lorfque la loi du divorce fera établie » ...

—Peutêtre a-t-elle raison (dit Terèse.

K vj

—Hâ ! (s'écria Louise) je voudrais qu'il y eût double indissolubilité, pour être liée à Ce-que-j'aime !... Mais... ce que je sais, me tiendra-lieu de la loi du divorce, ét je tremblerai toujours de le perdre—.

Terèse lui toucha le pied, ét Louise sentit qu'elle s'était trop avancée.

Noyèrs venait de raconter, sous le nom de Margane, l'histoire d'Alan. Celui-ci fut très-étonné de voir qu'elle était sue, ét il éprouva des inquiétudes. Noyèrs, qui s'en doutait, l'y laissa. Louise était sœur de l'Horloger tué : Terèse était fille naturelle de Lesclabasse, ét de la Religieuse, demoiselle de grande condition. On avait tout avoué à la Supérieure, femme-d'esprit. C'était à vingtsix ans, dix ans après sa profession, que Sœur-Saintererèse avait obtenu de cette Abbesse philosophe, la permission de voir son Amant, ét de le recevoir la

nuit dans fa cellule, pendant deux ans;
c'eft-à-dire, jufqu'à ce qu'elle eût un
Enfant. Elle f'était enfuite resignée.
Noyèrs conta tout-cela. Il temoigna
aux deux Amies, combien leur relation
avec des Hommes de ce merite, aug-
mentait fa confideration pour elles :
En-un-mot, il f'exprima de la manière
la plûs flateuse, pour les deux Ecou-
tans.

On lut enfuite, jufqu'à dîner. A l'heure
de fe mettre à table, l'Oncle ét le Neveu fortirent de leur cachette ; ét fe
montrerent bonnement. Ils firent beaucoup de politeffes à Noyèrs. Ils lui de-
manderent en dînant, Comment il favait
les hiftoires qu'il avait racontées ?—Quelles hiftoires ? (dit avec un fait étonnement ufé Narrateur). On les lui rapela.

—Je fais tout ce qui fe paffe à Paris,
par le moyen de l'Auteur de certains
Ouvrages, qu'on nomme *Reftif-de-la-*

Bretone. ⸺ Vous l'enjagerez au fecret ? ⸺ Sur mon ame, en épousant Louise. ⸺ Nous vous la donnerons-...

Tout f'arrangéa, dans la quinzaine. Louise fut la femme de Noyèrs : Terèse demeura dans la même maison.

Louise devint enceinte. Elle était très-interelfante, dans cette fituation, ét fon Mari très amoureux... Voici une chose peu croyable... Louise dit un-foir à fon Mari : ⸺ Deux Amies comme Terèse ét moi, doivent tout avoir en commun. Il eft contre la nature, que tu me donnes des embralfemens fans but, prejudiciables, peutétre, à un Tièrs... Elle n'a pas de Mari.. Je veux que tu fois à elle, pendant trois mois... Qu'il ne foit pas dit , que j'aie polfedé quelque-chose feule, à l'exclusion de mon Amie-?

On fit quelques difficultés : mais enfin Terèse fe rendit, ét admit Noyèrs dans fon appartement, durant la nuit. Mais fa tendreffe pour Louise en redoubla : On n'a pas d'idée à quel point fon Mari ét fon Amie l'adorèrent...

Elle mit une Fille au monde. Retablie, elle reprit fon Mari. Terèse, dailleurs était enceinte. Elle eut un Fils.

L'année fuivante, Louise eut un Fils à fon tour, ét Terèse une Fille. Jamais Epouses, ne furent plûs heureuses. Mais il falait f'aimer comme elles f'aimaient....

Noyèrs a perdu, par la mort, ces deux Epouses adorables... Depuis ce malheur, l'Infortuné traîne fes jours dans la triftesse. Ses quatre Enfans peuvent-à-peine le confoler. Oa l'entend fans-cesse appeler Louise ét Terèse ! Terèse ét Louise !.... On va marier ces Enfans avec deux du faux Margane, ét de la belle Horlogère, ét deux que la première Epouse de Noyèrs a eu de fon fecond Mari... Car tout f'eft decouvert, par le moyens de l'Auteur des *Nuits de Paris.* Mais on gardera le fecret : Les crimes ne font pas crimes par leur opposition aux loix, mais par le mal qu'ils font : Il eft-auffi peu poffible aux Hommes de creer des crimes reels par leurs loix, que de tranfmuer les metaux en or , de trouver la quadrature-du-cercle , le mouvement perpetuel , ét la Panacée-d'immortalité; ou de diriger les ballons , comme les Grues dirigent leur vol.

Admettez le divorce, croyez moi ! Ét les mariages feront , ét plûs folides , ét plûs heureux.

V. TRAIT:

La Femme qui rend fou son Mari.

Mademoiselle *Tapperet*, femme *Lescombat*, ét *Dumongeot* son amant, font demeurés fameux. Leur hiſtoire auraitfourni, ſi nous l'avions employée, un Trait qui aurait prouvé la neceſſité du divorce. Celle que nous alons raconter, pourrait être intitulée, *La Nouvelle-Lescombat.*

Victoire-Rosalie-Siram, fille d'un Layetier, était une des plus atrayantes Perſones qu'il foit poſſible de voir. C'était la jambe ét la marche la plûs parfaites de l'Europe. On ne pouvait la voir ſans deſirs.

Elle en inſpira de ſi violens au Jeune-*K*—*n*, nouvellement marié, qu'il abandonna ſa Jeune-épouſe, laquelle en mourut de chagrin, pour ne penfer, ne voir, ne refpirer, que d'après fes nouveaux fentimens pour Victoire-Rosalie. Sa paffion f'exalta au point, qu'un jour de-fête, à nuit tombante, ayant vu fortir le Père ét la Mère, ét f'étant aperçu que la Fille était reftée feule, il monta, frappa doucement, ét quand la Belle, encore fans lumière, lui eut ouvert, il fe jeta fur elle, avec tant de violence, qu'il l'étourdit. Il triompha, recommença, jufqu'à l'épuisement, ét la quitta enfin.

Il était temps! K—n caché dans l'alée vis-à-vis, aperçut rentrer les Parens un quart-d'heure après. Il les fuivit, fans être vu. Victoire-Rosalie venait de reparer le desordre, ét ne dit pas un mot. Cette difcretion la fit adorer de K—n. Mais il n'était pas encore veuf alors.

Par un étrange fingularité, la Belle infpirait une paffion auffi violente'à un

Mercier de la rue Saintmartin, qui la fit demander en mariage. On la lui accorda. Mais il y eut des retards; le Père voulait donner comptant la dot de fa Fille. Le Mercier, qui brûlait d'amour, guetta l'occasion, et un beau dimanche-foir, il voulut auffi faire violence. K—n était à-portée : Il fit du bruit, ét le Pretendu fe retira. K—n le remplaça, toujours dans l'obfcurité : il fortit enfuite, quand le Mercier rentra. Celui-ci recommença l'attaque, fans reüffir, parceque le trop eft trop, ét qu'il faut de la moderation en tout.

· Victoire-Rosalie épousa le Mercier: Sa groffeffe était de cinq mois. Le Marié ne doutait pas d'en être l'auteur : Il faut fi peu de chose, que les Tranfactions philosophiques citent l'exemple d'une Fille non - permeable , qui neanmoins devint feconde, par la feule explosion... Le Mercier avait lu ce trait, ét qu'il

falut une operation complette, pour accoucher.... Victoire - Rosalie, de fon
côté, ignorait abfolument quel était fon
premierPoffeffeur? Des queftions adroites lui fesaient entrevoir que ce n'était
pas fon Mari... Quî était-ce? Tout
ce qu'elle favait, c'eft que cet Inconnu
était plusieurs-fois aimable, contre une,
comparé au Mercier. Elle aimait cet
Être inconnu, ét à telle fin que de raison, elle reftait feule, fans lumière, les
fêtes ét dimanches, en l'attendant.

Il reparut. K—n obfervait: Il
remarqua cette affectation, ét il f'exposa.
Il fut bien reçu: On ne lui disait pas un
mot: mais on repondait à fes careffes.
K—n revint ainfi, une douzaine-de-fois,
fans étre connu, fans qu'on parût le
desirer.

A la treizième, Victoire-Rosalie lui
dit : —Cher Amour! ne veux-tu pas
que je te voye? —De tout mon cœur!

(repondit K——n) : Je suis le père de votre premier Enfant ; j'ai eu vos premices ; je vous adore. ——Je t'ai reconnu (repondit Victoire-Rosalie), ét j'ai senti, que tu étais le même. Que je te voye, si cela ne te contrarie pas! autrement, je consens à te faire le sacrifice de ma curiosité-? K——n, à ces mots, aluma lui - même une bougie, ét se montra. Victoire-Rosalie fit un cri. K——n était son voisin : C'était le seul Jeunehomme qui l'eût agreablement affectée, depuis qu'elle existait. Sa joie fut inexprimable... Elle le renvoya, neanmoins, à-cause de son Mari, ét il fut convenu, qu'il viendrait tous les jours-de-fétes, le soir, dans l'obscurité : mais, que dans le jour, ils se verraient, sans se parler.

Tout ala bien dabord. K——n fut heureux. Mais bientôt ; il devint jaloux. Il exigea que sa Maîtresse n'accordât plus rien au Mari. Victoire-Rosalie ne demandait pas mieux. Le Mercier n'eut plus de Femme. Il f'en plaignit aux Parens de la fienne.

La Mère de Victoire-Rosalie était une Coquette encore belle-femme, pleine de temperament, ét connaiffant celui de fes deux Filles, une Aînée, marchande-fourreuse, qui avait eu beaucoup d'Amans, ét la Mercière : Elle fe douta de quelque-chose, ét demanda une clef aux Mari. Le Mercier la donna. La Mère, dès que le Mari fortait, en était avertie, ét elle alait épier. Quelquefois fa Fille fortait auffi, ét alors Mad. Siram entrait, ét cherchait partout : Elle ne voulait pas compromettre fa Fille, mais la fauver, fi elle etait coupable; la juftifier, fi elle ne l'était pas.

Un-foir, qu'elle f'était gliffée dans la maison, au-moyen de fa clef, elle entendit rentrer.   Elle crut que c'était Victoire-Rosalie.   Elle se tint dans sa retraite, à la ruelle du lit.   Mais elle remua. Aussitôt on vole à elle , ét sans preambule, une voix qu'elle reconnut pour celle de son beau Voisin K—n, articula des plaintes d'une longue privation!   Mad. Siram voulut voir ce qu'il ferait.   Elle ne croyait pas qn'il volerait à la victoire avec tant de precipitation! Elle voulut parler, quand il fut trop tard... Elle ne fut pas entendue. Alors, elle se tut.   Le Heros alait de conquêtes en conquêtes,... quand la jolie Mercière rentra.   Le bruit qu'elle fit, rendit muets ét tranquiles les deux premiers Acteurs.   K—n vit sa Belle. Il ne voulut pas connaître Celle qui venait de le rendre materiellement infidèle ; il s'échappa.   Mad. Siram en desordre, ne voulut pas être trouvée par sa Fille ; elle s'évada.   K—n, qui guettait, dans l'alée vis-à-vis, la vit fortir, la reconnut, la fuivit. Elle rentra chés elle. Comme il connaiffait les aîtres, il l'épia. En rentrant, elle fe jeta fur une chaise longue, ét parla en foliloque.

—K—n eft l'amant de ma Fille-cadète !... Il vient de me prendre pour elle... Que faire-?..

K—n ne voulut pas en entendre davantage. Il courut chés fa Maîtreffe, ét lui avoua ce qui venait de fe paffer. Victoire-Rosalie tomba dans une rêverie profonde, dont fon Amant la tira, par des preuves d'amour.

Or le Mari, qui avait vu fa Bellemère entrer chés lui, f'était tenu caché, dans la même alée où fe refugiait K—n. Il avait vu entrer Celui-ci dans la maison. Il l'en avait vu fortir, ét entrer dans fon alée. Il l'avait vu fuivre fa Bellemère, revenir, rentrer, penetrer

daus

dans l'appartement : Il l'y avait suivi, ét il avait entendu l'aveu de K—n à Victoire-Rosalie... On ne fe douterait pas de ce qu'éprouva le Mercier, à la nouvelle de ce qu'était fon Beaupère ! Il eut envie de rire !... ét fans plûs atten-dre, il courut chés lui. Ce fut pendant ce temps-là, que K—n prouvait fon amour....

On arriva, Mari, Beaupère , Belle-fœur (qui f'étaient trouvés chés M. Si-ram , à la fin des preuves). Le Mari ouvrit doucement. Tout le monde en-tra. Mais la jolie Mercière avait un fecret, qui l'avertiffait, quand on ou-vrait. Elle dit à fon Amant : —Nous fommes furpris : De la prudence-!

—Non , Madame, non (dit K—n), je n'ai , jamais penfé que vous düffiez être fenfible à mon amour ! Je connais trop bien votre vertu!... Mon pre-tendu bonheur ne m'en a pas imposé longtemps.... Je n'y croyais plus, en le completant.... On a fui!... Hâ!...; Madame! j'aime mieux que ce ne foit pas vous! Je prefère de vous refpecter, comme auparavant, à vous aimer davantage.... Auffi, quelle facilité!... Quelle Femme, que Celle qui a cedé-... —A ce mot, Mad. Siram f'élança, en disant : —J'aurais defié à Lucrèce de fe defendre! Vous ne donnez pas le temps de refpirer!... ét ma Fille eft bienheureuse, d'avoir eu la force-....

La lumière parut. La mine de Mad. Siram, celle de fon Mari furtout, étaient fi grotefques, que la Fille-aînée, ét les deux Gendres éclatèrent-de-rire. —Monfieur! (dit le Vieux-Siram), ce que vous faites eft fort-mal! ét ma Femme n'avait jamais rien eu à fe reprocher-!.... K—n était fi beau que la Dame ne put fe mettre en colère : Elle f'attendrit. —Oui! (dit-elle), je deviendrai mère encore!.. Et.. que penferont mon Mari, mes Filles, mes Gendres! —Ma Femme! (dit

Siram) , vous n'êtes pas coupable , ét je
ne vous en ferai pas fouffrir... Alez vous
en, Monfieur : ét jamais ne remettez les
piéds ni chés mes Filles, ni chés maFem-
me ! vous êtes trop dangereux-? K —n
partit, en fesant une profonde reverence.

Il fut guetté fi exaétement , qu'il ne
put rejoindre la Mercière. Celle-ci
pria laFourreuse, fa fœur, de la favoriser.
Mad. *Tanrouc* y confentit : mais la Coquette trompa fa Sœur , ét eut le beau
K —n , deux-fois fur une , fans qu'il
f'en-doutât. Tout fe decouvrit enfin ,
ét les deux Amans preferèrent l'abfolue privation , à l'infidelité.

Cependant les trois Femmes devinrent
enceintes , ét eurent trois belles Filles.
Chose étonnante ! le Vieux-Siram , en
vrai fpartiate , fut comblé de joie : Il
cherit fa troisièmeFille,qu'il appelle fon
Bâton-de-vieilleffe : —Elle eft bien à
moi! (dit-il à fes Gendres); tout cequ'on
édifie dans mon fonds m'appartient-... Le

Fourreur trouva que saFille reſſemblait trop à K-n, ét il n'imita pas ſon Beaupère: mais que pouvait-il faire, dans un pays où les Femmes ſont maîtreſſes?... Pour le Mercier, il était furieux! ſa Fille reſſemblait, comme deux gouttes-d'eau, à une Sœur aînée de K-n, la plûs belle femme du quartier. Il ne douta plus, ét devint comme un enragé : ce qui doit ſurprendre, après la manière gaie, dont il avait pris l'accident de ſon Beaupère...

Que dirons-nous de plûs? dans l'excès de ſa jalousie, le Mercier voulut tuer ſa Femme, au-milieu de la nuit. Victoire-Rosalie, qui voyait depuis long-temps de l'aliénation dans ſa conduite, avait pris une ſingulière precaution! Elle avait une Chambrière, donnée par ſon Amant : Cette Fille était une Jeune-infortunée, appelée *Fanchonnette*, auparavant Couturière, que la misère avait determinée à la proſtitution. Cette Jeune – fille avait reçu du premier

Homme qu'elle avait vu dans fon nouvel état, le terrible fleau des Antilles, dans toute fa plenitude... Elle fut guerie par l'horrible mercure... Elle fouffrit cruellement !.... Revenue des portes du tombeau, elle resolut d'être la dernière des Servantes, plutôt que Fille-de-plaisir.... Elle parla de fa resolution à la Sœur de K-n, dont elle connaissait la bonté, ayant travaillé en robes pour cette Dame. Ce fut chés fa Sœur que K-n la vit... Il la mit auprès de Victoire-Rosalie, comme une Fille devouée, ét qui n'avait rien à menager. La Mercière, qui craignait pour fa vie, auprès d'une Aliéné, paraissait fe coucher, entrait dans l'alcove, ét en fortait, les lumières éteintes : Fanchonnette la remplaçait.

Une-nuit, après avoir fatiffait fes desirs, le Mercier ala fe rappeler l'infidelité de fa Femme : les plaisirs delicieux qu'il venait de goûter, augmentèrent fa fureur : Il poignarda fa Compagne... Mais aussitôt effrayé de son action, il courut chés son Beaupère avouer son crime. Mad. Siram accourut desesperée. Elle trouva sa Fille occupée à secourir Fanchonnette, qui heureusement n'était que blessée. Victoire-Rosalie dit la verité. Mais la Mère, plus rusée, lui conseilla de profiter de l'occasion. On enleva Fanchonnette, qu'on fit guerir, ét Victoire-Rosalie passa pour morte. On ensevelit un cadavre acheté : On l'enterra : K-n, averti, emmena sa Maîtresse à Bruxelles, où il l'épousa bientôt comme veuve : C'est qu'on avait mis le Mercier aux Foux ét qu'il était devenu furieux : Il perit en huit-jour.

Tout est tranquile depuis ce moment. Le Fourreur, effrayé du fort de son Beaufrère ne souffle plus mot ; le Vieux Siram continue d'être enchanté de sa troisième Fille, que la Mère cherit encore davantage...

Que veut-dire tout cela ? *Vanitas vanitatum, ét ommia vanitas !*

VI TRAIT:

D'un Abbé, *qui épouse une jolie Chandelière.*

Non seulement le Divorce devrait être permis aux Laïcs, mais le Mariage aux Prêtres, ainsi qu'à tous les autres Ecclesiastiques.

Une grosse Chandelière, fort-brune, avait épousé un Mari, qui avait le-poil ét les ieux de Lapin-blanc. Ils avaient pour Fille aînée une jolie Blonde, qui devint ravissante à quatorze ans. Elle était souvent assise devant sa porte, dans un endroit tranquile, ét elle travaillait. Tout le monde demandait, --A qui donc cette Jolie-persone-? Les Voisines repondaient : —A la Chandelière. —Elle l'a donc volée!... ou l'on a fait un échange en nourrice-.

Le fameux Abbé *Roué* demeurait aux environs. Cet Homme avait beaucoup de Connaissances, qu'il nommait ses Amis, ausquelles il donnait frequemment à diner. Il avait ses raisons. Parmi Ceux qu'il voyait le plus souvent, était un Jeune-Abbé de condition, très-recherché du *Cardina—phe.*

Ce Jeunehomme, très-rare auparavant, devint tout-à-coup un commensal ordinaire ; il dînait au moins trois-fois la semaine chés Roué. *Caterine*, la cuisinière, était une bonne fille, un-peu simple, mais obligeante au plûs-haut degré : Ce fut sur elle que l'Abbé gentilhomme jeta les ieux, pour arranger son avanture.

Un-jour que l'Abbé Roué n'était pas arrivé, à l'heure de dîner, M. *De Jéguin* se mit à causer avec Caterine : Il lui parla de la Jolie-Chandelière ; de l'envie qu'il aurait d'en faire sa gouvernante... Caterine lui representa, que jamais la Fille de Marchands aisés ne se mettrait dans le service, surtout à quatorze ans, avec un Jeune-Abbé. M. de Jéguin sentit que Caterine avait raison. —Que faire ? —La tromper (repondit Caterine), comment Monsieur m'a trompée. Je suis fille d'Honnêtes-gens. Il se deguisa en laïc, me demanda en mariage, se fit aimer, ét quand il le fut, il se declara. Je l'ai suivi à Paris, où il m'a été infidèle, sous mes ieux, avec une Fille de l'Ambigü-comique .. Mais je l'aime toujours... Faites-vous aimer de-même ; vous êtes assés joli homme pour ça, ét vous ferez enfuite de la petite *Victoire-Laraison*, tout ce que vous voudrez : —Voulez-vous m'aider, me diriger ?.. Vous avez été trompée ; vous favez la marche ?... Ma chère Caterine, guide-moi ! j'en conferverai une éternelle reconaiffance—...

Caterine était fi bonne, qu'elle fut touchée de ce langage naïf. Elle promit tout au Jeune-abbé-noble :... Son Maitre revint, ét l'on dîna.

Caterine était trop fubjuguée, pour garder le fecret avec l'Abbé-Roué : Elle lui revela tout. Auffitot le Maître resolut de f'emparer de toute la reconnaiffance, ét peutêtre même ne desefpera-t-il pas de... fouffler la rose ... à l'Abbé De-Jéguin. Mais l'interêt fut fon premier mobile. Cependant il fentît qu'il ne falait pas qu'il parût encore : Il laiffa tout faire à Caterine.

La Gouvernante, dès le lendemain. donna fa pratique à Mad. Laraison. Elle prit peu, en donnant pour raison, l'extrême économie de fon Maître, qui lui donnait la depenfe à fon compte. On vit donc fouvent Caterine, qui fit connaiffance avec Victoire, ét lui prêta des Livres. Ce fut après que le cœur fut un-peu ému par la peinture des paffions, que Caterine hasarda l'aveu, qu'elle connaiffait un Jeunehomme très-amoureux de Mademoiselle. La Jeuneperfone rougit. Caterine obferva que l'accueil devenait plus obligeant. Elle le dit à fon Maître, qui la dirigeait, ét il fentit, qu'il falait montrer le Jeune-De-Jéguin, en habit ecclesiaftique, coquet dabord ... ·habit fi puiffant fur les Jeunesfilles ! puis en habit laïc.

Un-jour donc, fur le rapport de Caterine, on fut que Victoire, nouvellement, coiffée était affise à fa porte. Les deux Abbés paffèrent, la regardèrent, revinrent, ét la firent rougir, par leur attention... Hâ! qu'elle parut belle !... Jéguin fut plus éprs que jamais !...

Le lendemain, Caterine parla des deux Abbés. Elle dit que l'Un était fon Maître ; l'Autre... un des plûs aimable Jeunesgens qu'on pût voir. Victoire rougit. Caterine ajouta : —Il vous aime ... comme fes ieux ... ét il va quitter le petit-collet, à-cause de vous... Il y a fix mois qu'il vous aime... C'eft votre premier Amant-... Ici Victoire perdit contenance.

Caterine repeta tout à son Maître, ét Roué lui dit : —Il est aimé: Qu'il se deguise, ét qu'il agisse-. Caterine dit ces mêmes paroles à Jéguin.

Le Jeune-Abbé n'avait-garde d'y manquer! Il loua un petit appartement dans la maison de Roué, y mit ce qu'il falait, pour y loger, ét changer d'habit: Il confia une clef à Caterine, qui eut soin de tout. Il venait en Abbé, par une porte, ét sortait en Cavalier par une autre, qui donnait dans la rue voisine. Caterine le presenta chés sa Maîtresse.

L'Abbé-Roué avait un Frère, qui venait de passer aux Iles: Jéguin, à l'instigation de Caterine, soufflée par son Maître, en prit le nom. Ce fut à cette époque que Jéguin mit Roué dans sa confidence: Ce Dernier n'avait alors d'autre idée, que de favoriser une tromperie, d'attirer Victoire dans la maison, de la seduire, ou de la surprendre ; même d'échanger, dans l'obscurité Caterine pour Victoire... Mais il se trompa.

Jéguin, en voyant de-près la Jolie-Chandelière, en devint respectueusement amoureux. Il sentît, qu'il ne

pouvait être heureux ,, en l'avilissant :
Il ne pouvait quitter son état ét ses
benefices ; mais il voulut que Victoire
se crût mariée ; qu'elle fut honnéte ét
vertueuse.   Il signifia ses intentions à
l'Abbé-Roué, qui s'y conforma , moyennant... Il devint secretaire de M. C.
d'*A*** ; (quelles Gens on donne au Prin-
ces) ! il eut un benefice qu'il vendit ,
pour ne pas resider , &c.

Telle était la position, quand Jéguin
vint annoncer à l'Abbé-Roué, qu'il ne
pouvait plus vivre, sans épouser Victoire-Laraison, sous le nom du Frère
Roué des Iles.   L'Abbé y consentit,
en payant.   —Chaqu'un doit être heureux à sa manière ! (dit-il): La mienne fut de tromper Caterine , d'en
faire ma servante, ma complaisante
soumise: La vôtre est d'épouser, d'ho-
norer : *Bene fit !* je le veux bien , ét
méme je vous marierai-.   L'Amant de
Victoire prit au mot l'Abbé-Roué.
On l'arrangea , ét Victoire-Laraison
devint Mad. *Roué-des-Iles* (ce fut le
nom que prit Jéguin).

Le mariage n'a point affaibli les sentimens de l'Epoux : Aucontraire, la
crainte où il se trouvait, à tout moment,

de perdre son bonheur , le lui rendait plus chèr. La catastrophe de l'Abbé-Roué ariva : Jéguin a tremblé !... sur-tout lorsqu'il vit l'Abbé au Châtelet... Il travailla pour lui ; on le fit sortir. Jéguin , comme frère , offrit de payer la fatale Lettre-de-change... On s'y refusa : L'Honnête-homme compromis, voulait que le crime fût puni.....

Mais bientot Roué est obligé de fuir... Caterine, cette infortunée vic-time de la seduction, est emprisonnée, menacée !.... Elle se represente alors differentes actions criminelles , ausquel-les la force, ou la complaisance l'ont fait participer.... La dernière seule pouvait l'effrayer.... elle enlevait pour son Maître, ce qui lui était confié par la Justice !... Le desespoir la saisit : Elle termina des jours, que son caractère, sa position, sa figure eussent rendus heureux, si elle n'avait pas été rencon-trée par l'Abbé Roué !...

Depuis cette fin terrible, Jéguin a repris son nom : Il espère, que la loi du mariage des Prêtres sera decretée, ét alors , il tâchera de contracter un mariage valide...

Nous osons le dire, il n'est pas coupable : Il n'a pas trompé Victoire ; il lui donne le bonheur : Il ne la pas corrompue ; elle a le cœur pur ; c'est la plûs vertueuse des Epouses. Elle est mère : Elle est cherie : Elle est estimée ; elle est digne d'être l'Epouse d'un Evêque, qui voudrait donner un modèle de vertu à toutes les Femmes de son Diocèse.

O Legislateurs ! établissez le divorce, et rendez Victoire épouse legitime !

¶ Dans toutes ces Histoires, M. Aquilin-des-Escopettes va-t-il droit à son but?... Il le croyait, et nous voulons bien le croire aussi. Neanmoins, nous lui obferverons, que celle-ci ne milite qu'en faveur de la motion de l'Abbé *Cournant.* Ce n'est pas que nous blâmions cette Motion sifflée par les Seminaristes, souf-flés par les Matadors, qui preferent une Intrigue, à une Epouse... Nous l'approuvons, aucontraire ! et nous lui disons : *Pedibus manibusque descen-dimus in tuam sententiam!*

VII TRAIT:

Les fausses Veuves.

Un Jeunehomme, marié depuis deux ans, passait un jour dans la rue *Saintho-noré.* Il y vit une Jeune marchande, enceinte, ét cependant si jolie, si provoquante, malgré son air souffrant, qu'il sentit pour elle des sentimens très-tendres. La Revolution arriva : Le Jeunehomme fut occupé ; on l'inculpa ; son Epouse fut saisie, ét perdit la tête... Elle mourut, en donnant le jour à un Fils.

Desforts avait perdu de-vue la Jolie-Marchande, ét lorsque, moins troublé, il repassa pour la voir, il ne la trouva plus. Il s'informa. On ne put lui en donner aucune nouvelle.

Un-soir qu'il revenait sans dessein, par la rue *d'Orleans*, il aperçut une Jeune-persone bienfaite, qui alait devant lui. Desforts doubla le pas, ét reconnut sa Belle, dont l'exterieur annonçait la tristesse ét l'infortune. —Madame! (lui dit-il), pardonnez-moi, si je vous adresse la parole! Jene suis pas un Impudent: Vous m'interessez, malgré moi! La tristesse se peint sur votre visage..., daignez me di-

re, si je pourrais vous obliger? —Je suis
une Inconnue pour vous... —Non, non,
Madame!... je vous ai vue dans cette bou-
tique-. Ils étaient alors dans la rue
Sainthonoré. —Moi! Monsieur! —Per-
mettez-moi de vous accompagner... de
m'informer-... La Dame fit quelques
difficultés... Mais Desforts la pressa si vivement, qu'elle consentit à-moitié.

On arriva au cinquième, sur une
cour. Une mauvaise tapisserie, mais
propre, quelque chaises... un petit lit...
un berceau.... La chambre était frotée...
—Quelle demeure, pour la Beauté!
(dit le Jeune homme, à-demi-bas).

Il s'informa. Il apprit que le Mari
de Mad. *Charlart* s'était ruiné; qu'il
était disparu... et que trois-mois après,
on avait envoyé son extrait-mortuaire.
Desforts voulut qu'une Femme qui l'in-
teressais aussi vivement, lui exposât l'é-
tat de ces affaires. Helas! elle n'avait
plus rien, et elle devait... plus de mille
écus... Elle manquait de l'absolu neces-
saire, pour sa Fille, âgée de six mois,
qu'on lui avait rendue, et qu'elle avait
été forcée de sevrer.

Le Jeune homme se fit tout expliquer.
Il donna l'argent pour les dettes... Il

pourvut aux besoins, embraffa l'Enfant, ét fortit.

Le lendemain, il prit l'appartement du fecond, libre alors, le fit meubler, ét y fit defcendre Mad. Charlart. Il y amena fon Fils, avec fa Gouvernante, ét pria la jeune Veuve de veiller fur les deux Enfans C'était une manière genereuse, de faire tout accepter.

Plufieurs mois f'écoulèrent. Desforts venait tous les jours. Il mangeait avec la Veuve. Il lui exprimait la plûs tendre amitié : point d'amour. Il la vit heureuse enfin. Un-foir, qu'ils caufaient enfemble, après le fouper, Desforts dit à fon Amie: —Je me trouve le plus heureux des Hommes, depuis que je vous connais ; ét furtout, depuis que nous fommes familiers. Je fuis content auprès de vous : Au-dehors, je vous defire, mais fans impatience : Vous êtes à mes ieux, la plûs belle de toutes les Femmes, ét cependant, je fuis fans defirs.. Ce n'eft pas que des careffes... ne me fiffent le plûs grand plaifir !... Mais je préfère votre tranquilité, la bonne opinion que vous avez de moi, à un bonheur physique-. A ces mots, la jeune Veuve vint fe precipiter dans fes bras....

—Je vous adore ! (lui dit-elle), ét ce que vous venez de dire, manquait à mon bonheur... Je craignais qu'Une-autre ne vous inspirât de l'amour... Je voulais vous donner tous les sentimens agreables ét flateurs ! —Hé bien, vous me les donnez ! (repondit l'amoureux Desforts,) ét c'eſt par excès d'amour que je vous cachais le mien-- Mad. Charlart fut comblée! Ce fut elle qui prodigua les plûs tendres careſſes.

Desforts pouvait être heureux : Il donna une nouvelle preuve d'amour , en differant une jouiſſance offerte. Il fit les preparatifs du mariage , ſans en parler à Mad. Charlart, ét lorſque tout fut en état, il lui donna la main, pour aler à l'église. La Jeune veuve était parée : Elle avait ſigné, ſans le ſavoir. Arrivée au pied des autels, un Prêtre ſe presente : quatre Temoins ſeulement étaient derrière elle. On fait la demande à l'Epoux : Il repond, en preſſant la main... de ſon Amie.... On lui demande à elle-même ſon aveu ? Elle le donne, ravie... ét tombe dans les bras du genereux Desforts... On craignit pour ſa vie... Le Nouvel-époux ſentit, qu'il n'était pas neceſſaire de la ſurprendre, pour

augmenter fonbonheur... On la ramena.
Des larmes d'attendriffement la foulagè-
rent ... ét l'amour materiel affaiblit un-
peu le fentiment.

Depuis cette heureuse journée, le
bonheur de la belle Desforts était au
comble... Mais eft-il rien de ftable,
ici bas ?

Il y avait fix mois que les deux
Epoux étaient unis, lorfqu'on vit repa-
raître Charlart, qui n'avait fait courir le
bruit de fa mott, que pour infpirer de la
compaffion, pour fa Femme. Il avait
appris qu'elle était dans l'aifance ; il ne
favait comment. Il revenait à Paris,
pour f'informer. Elle était alors chés
fon Nouvel-époux, ét Charlart, qui
n'avait aucun moyen de le connaître,
ignorait fa demeure. Il la cherchait aux
fpectacles, aux promenades. Comme
il ne favait pas fon mariage, il ne fongeait
guère à rechercher fur les regîtres des
Paroiffes.

On était dans la fecurité, chés M. ét
Mad. Desforts, lorfqu'un foir, à une
reprefentation de *Figaro*, Charlart aperçut fa Femme brillante, le rire du bonheur fur les lèvres. Il l'avait adorée :
Il éprouva la peine la plûs cruelle !...

Mais il fentit, que c'était fa faute! Il la fuivit, après le fpectacle; il fut qu'elle était remariée, l'état, le nom de fon Mari... Il f'en retourna triftement, ét garda le filence. Mais il fut reconnu: Le remariage de fa Femme n'était pas un fecret: On parla: Cette affaire fit quelque bruit....

Or, il faut favoir, que mad. Desforts la Première-femme, était tendrement aimée de fes Parens: Lorfqu'ils virent qu'elle avait perdu la raison, ils fentirent qu'elle deviendrait un objet odieux pour fon Mari, f'il continuait à la voir. Ils la firent paffer pour morte en-couches, ét la fequeftrèrent, resolus d'employer, pour la calmer, les moyens les plûs doux. Ils y parvinrent: Elle guerit... Sa memoire feulement demeura prefqu'aneantie: Elle ne connaiffait même fes Parens, qu'à-raison de fa familiarité avec eux, depuis fa convalefcence; elle avait oublié toute fa première vie, comme fi elle eût été morte reellement, ét qu'elle fût revenue au monde. On ne defefpera pas de lui faire aimer fon Mari, ét de les reünir: On f'informa.

L'on apprit alors fon mariage. On

fut très-intrigué !....... Desforts n'était pas coupable. Comment faire ?

Tandis qu'on était dans cette embarras , Charlart, qui se cachait à Paris, s'avisa de rendre une visite aux Parens de Mad. Desforts-première , pour savoir ce qu'ils pensaient , se decouvrir , s'il était à-propos, ét se consulter avec eux. Lorsqu'il entra , on venait de parler à la première Epouse de M. Desforts, de son Mari. Charlart était bel homme. La Jeune-dame, dont l'oreille était encore frappée du nom de son Mari, s'écria , en voyant celui de sa Rivale : —Le voila !... Oui, le voila ! N'est-ce pas que le voila-? Et elle se jeta dans ses bras, d'un air-de-raviſſement... On fut bien embarraſſé !.. Comme Mad. Desforts - première était fort - jolie, Charlart ne se trouva point fatigué de ses vives careſſes. Il se decouvrit ensuite , ét demanda aux Parens, Ce qu'il était à-propos de faire ? On se consulta longtemps.... Enfin, il fut resolu , qu'on verrait les deux Remariés. On écrivit à M. Desforts.

L'Epoux de la Veuve-Charlart se rendit chés son ancien Beaupère. On lui montra sa Femme. Il fut très-surpris!... On efperait, que par inftinct, elle lui marquerait des preferences. Elle ne fit aucune attention à lui. Comme Charlart devait paraître, il arriva. Mad. Desforts-première courut fe jeter dans fes bras.... Desforts ala chercher lui-même fa Femme, afin de la prevenir. Elle fut très - effrayée! Mais fon fecond Mari la raffura, par tous les fermens de l'amour. Elle parut. Charlart voulut aler à elle. Mad. Desforts-première donna les marques de la plûs violente jalousie; tandis qu'en voyant fa Rivale, dans les bras de fon Mari, elle exprimait du contentement.

Ce fut alors que les Parens fentirent la fageffe de la lôi du Divorce. Ils furent convaincus, que le feul moyen de conferver une Fille adorée, était de la faire *divorcer* avec Desforts, de faire *divorcer* Charlart, avec la belle *Conftance-Desormeaux*, ét d'unir *Isabelle-Ribolli* leur fille, à Charlart, quoique pauvre, ét de naiffance inferieure. On a porté cette affaire devant le Tribunal des *Divorces;* elle a été bien expliquée, ét les quatre Epoux, mis dabord en liberté, ont enfuite été rejoints, comme ils le desiraient.

Tout était perdu, dans l'ancien-regime de l'indiſſoluble fatalité ! Comme ſi l'on pouvait rendre immuables des Hommes ét des Femmes, qui ſont la mutabilité même ! Apprenez, ô Mortels ! que Dieu ſeul eſt ſans changement ! Pour vous, Formes-animées de la matière, changez comme elle !...

On a, dans le même jour, arrêté le mariage du Fils de Desforts avec la Fille de Charlart. Mais ce mariage ſe fera-t-il ? Ces deux Enfans, deſtinés l'Un à l'Autre, ſe conviendront-ils, dans l'âge de l'amour ? C'eſt ce qu'on ignore. Auſſi les Parens, qui ſentent ſi bien, qu'une veritable inclination, eſt la ſource du bonheur, ont-ils decidé, que leurs Enfans, non-ſeulement ne ſeraient pas contraints, mais qu'on examinerait, en ſilence, ſi leur panchant reciproque les portait l'un vers l'autre... On doit les ſeparer ; mais leur parler beaucoup l'un de l'autre, pendant leur première jeuneſſe ; les rendre un objet de curioſité mutuelle : Car c'eſt une preparation à l'amour. Et quand ils ſe verront, l'on ſcrutera leurs cœurs : Ils ſeront libres, ét leur union ſera regardée comme un bienfait inattendu de la Divinité.

C'est ainsi que M. AQUILIN-DES-ESCOPETTES, *pendant un séjour clandestin dans la Capitale, a decouvert une multitude de faits singuliers, bizarres!...   On n'a retranché qu'une partie du* CURÉ-PATRIOTE, *que nous regrettons fort! et que nous placerons peut-étre ailleurs.*

La Revolution est operée, Citoyens! tous les abus vont disparaître, et l'égali-lité va ramener les bonnes-mœurs!.... Hé! ne dites pas que le Riche fait-vivre le Pauvre! il le corrompt plûs sûrement qu'il ne le fait-vivre!... Cependant nous observerons les mœurs, nous les guet-terons pour-ainsi-dire, et nous crierons *sus* au Vice, comme vos Sentinelles-na-tionales crieut *sus* aux Ennemis du Peu-ple!.....

F I N.